# THÈSES

PRÉSENTÉES

## A LA FACULTÉ DES SCIENCES DE PARIS

POUR

OBTENIR LE GRADE DE DOCTEUR ÈS SCIENCES MATHÉMATIQUES,

### Par M. SOUILLART,

ANCIEN ÉLÈVE DE L'ÉCOLE NORMALE, AGRÉGÉ ÈS SCIENCES MATHÉMATIQUES,
PROFESSEUR AU LYCÉE DE CAEN.

---

**THÈSE DE MÉCANIQUE CÉLESTE.** — Essai sur la Théorie analytique
DES SATELLITES DE JUPITER.

**THÈSE D'ANALYSE.** — Propositions données par la Faculté.

---

Soutenues le **1865, devant la Commission d'Examen.**

MM. DUHAMEL, *Président.*
PUISEUX,
SERRET, } *Examinateurs.*

---

# PARIS,

## GAUTHIER-VILLARS, IMPRIMEUR-LIBRAIRE

DE L'ÉCOLE IMPÉRIALE POLYTECHNIQUE, DU BUREAU DES LONGITUDES,
**SUCCESSEUR DE MALLET-BACHELIER,**
Quai des Augustins, 55.

## 1865

# THÈSES

PRÉSENTÉES

## A LA FACULTÉ DES SCIENCES DE PARIS

POUR

OBTENIR LE GRADE DE DOCTEUR ÈS SCIENCES MATHÉMATIQUES,

### Par M. SOUILLART,

ANCIEN ÉLÈVE DE L'ÉCOLE NORMALE, AGRÉGÉ ÈS SCIENCES MATHÉMATIQUES,
PROFESSEUR AU LYCÉE DE CAEN.

**THÈSE DE MÉCANIQUE CÉLESTE.** — ESSAI SUR LA THÉORIE ANALYTIQUE
DES SATELLITES DE JUPITER.

**THÈSE D'ANALYSE.** — PROPOSITIONS DONNÉES PAR LA FACULTÉ.

Soutenues le            1865, devant la Commission
d'Examen.

MM. DUHAMEL, *Président.*
PUISEUX,
SERRET,            } *Examinateurs.*

## PARIS,

### GAUTHIER-VILLARS, IMPRIMEUR-LIBRAIRE

DE L'ÉCOLE IMPÉRIALE POLYTECHNIQUE, DU BUREAU DES LONGITUDES,

SUCCESSEUR DE MALLET-BACHELIER,

Quai des Augustins, 55.

1865

# ACADÉMIE DE PARIS.

## FACULTÉ DES SCIENCES DE PARIS.

**DOYEN**............................. MILNE EDWARDS, Professeur. Zoologie, Anatomie, Physiologie.

**PROFESSEURS HONORAIRES** { PONCELET.
LEFÉBURE DE FOURCY.

**PROFESSEURS**.............. {
DUMAS................... Chimie.
DELAFOSSE............... Minéralogie.
BALARD.................. Chimie.
CHASLES................. Géométrie supérieure.
LE VERRIER.............. Astronomie.
DUHAMEL................. Algèbre supérieure.
LAMÉ.................... Calcul des probabilités, Physique mathématique.
DELAUNAY................ Mécanique physique.
C. BERNARD.............. Physiologie générale.
P. DESAINS.............. Physique.
LIOUVILLE............... Mécanique rationnelle.
HÉBERT.................. Géologie.
PUISEUX................. Astronomie.
DUCHARTRE............... Botanique.
N....................... Anatomie, Physiologie comparée, Zoologie.
JAMIN................... Physique.
SERRET.................. Calcul différentiel et intégral.

**AGRÉGÉS**................. {
BERTRAND............... } Sciences mathématiques.
J. VIEILLE.............. }
PELIGOT................ Sciences physiques.

**SECRÉTAIRE**................. E. PREZ-REYNIER.

PARIS. — IMPRIMERIE DE GAUTHIER-VILLARS, SUCCESSEUR DE MALLET-BACHELIER,
Rue de Seine-Saint-Germain, 10, près l'Institut.

# THÈSE DE MÉCANIQUE CÉLESTE.

## ESSAI SUR LA THÉORIE ANALYTIQUE DES SATELLITES DE JUPITER.

### CHAPITRE PREMIER.

DÉVELOPPEMENT DES DIVERSES FONCTIONS PERTURBATRICES.

1. Lorsqu'on veut déterminer les mouvements des satellites de Jupiter autour de leur planète, il n'est pas permis de confondre les attractions exercées par cet astre avec celles d'un point de même masse placé en son centre de gravité : car, d'une part, les dimensions de Jupiter sont comparables aux distances qui le séparent de ses satellites, et, d'autre part, l'aplatissement de son globe dépasse $\frac{1}{17}$. Le potentiel de l'attraction de Jupiter sur un satellite ne pourra donc pas être confondu avec la quantité $\frac{f\mathrm{M}}{r}$, $f$ désignant l'attraction mutuelle de deux unités de masse à l'unité de distance, M la masse de Jupiter et $r$ la distance du centre de gravité du satellite à celui de la planète; et, par conséquent, le mouvement du satellite ne se ferait pas suivant les lois de Képler, quand même il serait seul en présence de sa planète. Laplace a déduit de sa *Théorie des attractions des sphéroïdes*, qu'on peut représenter ce potentiel par $\frac{f\mathrm{M}}{r} + f\mathrm{V}$, en posant

$$\mathrm{V} = \frac{\mathrm{K}}{r^3}\left(\frac{1}{3} - \sin^2 d\right),$$

et en désignant par $d$ la déclinaison du satellite rapportée à l'équateur de Jupiter, et par K une constante (égale au produit de la masse de Jupiter par le carré du rayon de son équateur et par l'excès de son aplatissement sur la moitié du rapport de la force centrifuge à la pesanteur sur cet équateur).

Pour obtenir le mouvement elliptique du satellite, on néglige tout à la fois la quantité V et les actions exercées par les autres corps que Jupiter; mais pour

1.

obtenir son véritable mouvement, il faut ajouter cette correction V aux autres fonctions perturbatrices partielles. La fonction perturbatrice totale sera donc, pour chaque satellite, la somme de cinq parties se rapportant respectivement aux actions des trois autres satellites, à l'action du Soleil et à l'aplatissement de Jupiter : car les seuls astres dont l'influence soit sensible sont le Soleil, à cause de sa masse, et les satellites autres que celui dont il s'agit, à cause de leur proximité.

Bailly entreprit le premier de déterminer par l'analyse les principales inégalités du mouvement des satellites, mais son travail est très-défectueux : car il se contenta d'appliquer à chacun d'eux isolément la théorie de la Lune de Clairaut, sans tenir compte de leurs actions mutuelles et de l'aplatissement de Jupiter. A peu près à la même époque, Lagrange aborda le problème dans toute sa difficulté, et son Mémoire, qui est un chef-d'œuvre d'analyse, fut couronné par l'Académie des Sciences en 1766 ; cependant son travail était encore bien incomplet au point de vue astronomique, comme il l'annonçait lui-même en lui donnant cette épigraphe : *Multum adhuc restat operis.* C'est à Laplace qu'on doit l'explication de toutes les particularités que présentent les mouvements de ces astres. Ses premières recherches à ce sujet ont été publiées dans les *Mémoires de l'Académie des Sciences pour* 1784 ; mais c'est dans les *Mémoires pour* 1788 et *pour* 1789 que se trouve l'exposition complète de la théorie des quatre satellites, telle, à peu près, qu'elle a été reproduite plus tard dans le tome IV de la *Mécanique céleste.*

Depuis cette époque, la méthode dite *de la variation des constantes* a rendu beaucoup plus facile et plus régulier le calcul des perturbations, en même temps qu'elle a permis de simplifier notablement l'exposition de la science. Il peut donc être utile de reprendre, par cette méthode, la recherche des inégalités principales du mouvement des satellites, ainsi que la démonstration des lois établies par Laplace : tel est le but que je me suis proposé dans ce travail, en me bornant toutefois à la partie analytique.

2. Dans ce qui suit, nous désignerons par des lettres sans accent les quantités qui se rapportent au premier satellite, et par les mêmes lettres affectées de 1, 2, 3 accents les quantités analogues relatives au $2^e$, au $3^e$ et $4^e$ : les mêmes quantités relatives au Soleil seront représentées par les grandes lettres correspondantes. Nous rapporterons les mouvements à un plan fixe passant par le centre de gravité de Jupiter : ce plan fixe sera arbitraire ; nous le supposerons seulement assez voisin de l'équateur de la planète, comme serait, par exemple, le plan dans lequel s'est trouvée, à une époque déterminée, l'orbite que Jupiter décrit autour du Soleil.

Désignons par $r$ et $r'$ les rayons vecteurs menés du centre de Jupiter aux centres de gravité du premier et du second satellite, et par $s$ le cosinus de l'angle compris entre ces rayons : les fonctions perturbatrices $R_{(0,1)}$ et $R_{(1,0)}$, correspondantes

aux actions du second satellite sur le premier et du premier sur le second auront
pour expressions

$$R_{(0,1)} = \left(r^2 + r'^2 - 2rr's\right)^{-\frac{1}{2}} - \frac{rs}{r'^2}, \quad R_{(1,0)} = \left(r^2 + r'^2 - 2rr's\right)^{-\frac{1}{2}} - \frac{r's}{r^2}.$$

De simples changements dans les accents donneraient les autres fonctions perturbatrices

$$R_{(0,2)}, \quad R_{(0,3)}, \quad R_{(1,2)}, \quad R_{(1,3)}, \quad R_{(2,0)}, \quad R_{(2,1)}, \quad R_{(2,3)}, \quad R_{(3,0)}, \quad R_{(3,1)}, \quad R_{(3,2)}$$

provenant, comme les deux premières, des actions mutuelles des satellites.

Les fonctions perturbatrices dues aux actions du Soleil sur chacun des satellites,
fonctions que nous désignerons par $R_{(0,s)}$, $R_{(1,s)}$, $R_{(2,s)}$, $R_{(3,s)}$ s'obtiendront aussi par
des formules pareilles : ainsi on aura

$$R_{(0,s)} = \left(r^2 + \mathfrak{R}^2 - 2r\mathfrak{R}s\right)^{-\frac{1}{2}} - \frac{rs}{\mathfrak{R}^2}.$$

Enfin, pour la correction d'aplatissement, nous adopterons la formule de
Laplace

$$V = \frac{K}{r^3}\left(\frac{1}{3} - \sin^2 d\right).$$

D'après cela, si l'on désigne par $\Omega$, $\Omega'$, $\Omega''$, $\Omega'''$ les fonctions perturbatrices totales
qu'il faut considérer pour les quatre satellites, on aura

$$
\begin{aligned}
\Omega &= fm'\, R_{(0,1)} + fm''\, R_{(0,2)} + fm'''\, R_{(0,3)} + f\mathfrak{M}\, R_{(0,s)} + fV,\\
\Omega' &= fm\, R_{(1,0)} + fm''\, R_{(1,2)} + fm'''\, R_{(1,3)} + f\mathfrak{M}\, R_{(1,s)} + fV',\\
\Omega'' &= \ldots\ldots\ldots\ldots\ldots\ldots\ldots\ldots\ldots\ldots\ldots\ldots\ldots\\
\Omega''' &= \ldots\ldots\ldots\ldots\ldots\ldots\ldots\ldots\ldots\ldots\ldots\ldots\ldots
\end{aligned}
$$

Nous allons développer successivement chacune des parties dont se composent
ces fonctions : dans ces développements, nous conserverons les inclinaisons des
orbites sur le plan fixe, au lieu d'y introduire leurs inclinaisons mutuelles.

3. Les valeurs qu'il faudra prendre pour les diverses fonctions $R_{(0,1)}$, $R_{(0,2)}$, $R_{(0,3)}$,
$R_{(1,0)}$,...., qui correspondent aux actions mutuelles des satellites, se déduiront de
formules générales que nous allons d'abord donner.

On trouve dans le tome I$^{er}$ des *Annales de l'Observatoire* (p. 268 et 272) le
tableau des termes dont se composent les fonctions $R_{(0,1)}$ et $R_{(1,0)}$, borné au second
ordre par rapport aux excentricités et aux inclinaisons; mais comme il entre dans
ces développements l'inclinaison relative des orbites au lieu de leurs inclinaisons
sur le plan fixe, nous n'en pourrons déduire que les termes indépendants des inclinaisons. Quant aux termes qui en dépendent, le calcul en est assez court, et on

( 6 )

pourrait, du reste, les obtenir au moyen des formules données par M. Le Verrier dans la *Connaissance des Temps pour* 1844.

Désignons, suivant l'usage, par $a$, $\varepsilon$, $e$, $\varpi$, $\varphi$, $\theta$ les éléments elliptiques, et par $l$ la longitude moyenne; posons de plus, suivant les notations employées dans les *Annales de l'Observatoire*,

$$(a^2 + a'^2 - 2aa'\cos\beta)^{-\frac{1}{2}} = \frac{1}{2}\Sigma A^{(i)}\cos i\beta,$$

$$aa'(a^2 + a'^2 - 2aa'\cos\beta)^{-\frac{3}{2}} = \frac{1}{2}\Sigma B^{(i)}\cos i\beta,$$

le signe $\Sigma$ s'étendant à toutes les valeurs entières de $i$, positives, nulle et négatives; et enfin

$$A_p^{(i)} = \frac{1}{1.2.3\ldots p}\, a^p\, \frac{d^p A^{(i)}}{da^p}.$$

La valeur complète de $R_{(0,1)}$, *bornée aux secondes puissances des excentricités et des inclinaisons*, sera donnée par les deux formules suivantes :

Première partie.

$$(r^2 + r'^2 - 2rr's)^{-\frac{1}{2}}$$

$$= \left[\frac{1}{2}A^{(i)} + \frac{e^2 + e'^2}{4}\left(-2i^2 A^{(i)} + A_1^{(i)} + A_2^{(i)}\right)\right]\cos(il' - il)$$

$$+ \frac{ee'}{2}\left[(2i^2 + i)A^{(i)} - A_1^{(i)} - A_2^{(i)}\right]\cos[(i+1)l' - (i+1)l - \varpi' + \varpi]$$

$$+ \frac{e}{2}\left(-2iA^{(i)} - A_1^{(i)}\right)\cos[il' - (i-1)l - \varpi]$$

$$+ \frac{e'}{2}\left[(2i+1)A^{(i)} + A_1^{(i)}\right]\cos[(i+1)l' - il - \varpi']$$

$$+ \frac{e^2}{8}\left[(4i^2 - 5i)A^{(i)} + (4i - 2)A_1^{(i)} + 2A_2^{(i)}\right]\cos[il' - (i-2)l - 2\varpi]$$

$$+ \frac{ee'}{2}\left[(-2i^2 - i)A^{(i)} + (-2i - 1)A_1^{(i)} - A_2^{(i)}\right]\cos[(i+1)l' - (i-1)l - \varpi' - \varpi]$$

$$+ \frac{e'^2}{8}\left[(4i^2 + 9i + 4)A^{(i)} + (4i + 6)A_1^{(i)} + 2A_2^{(i)}\right]\cos[(i+2)l' - il - 2\varpi']$$

$$+ \frac{1}{2}B^{(i-1)}\left\{-\left(\sin^2\frac{\varphi}{2} + \sin^2\frac{\varphi'}{2}\right)\cos(il' - il)\right.$$

$$+ \sin^2\frac{\varphi}{2}\cos[il' - (i-2)l - 2\theta] + \sin^2\frac{\varphi'}{2}\cos[il' - (i-2)l - 2\theta']$$

$$\left.+ \frac{1}{2}\sin\varphi\sin\varphi'\left\{\cos(il' - il - \theta' + \theta) - \cos[il' - (i-2)l - \theta' - \theta]\right\}\right\},$$

expression dans laquelle $i$ doit recevoir toutes les valeurs entières, positives et négatives, zéro compris.

### Deuxième partie.

$$-\frac{rs}{r'^2} = \frac{a}{a'^2}\left[\left(-1+\frac{e^2+e'^2}{2}\right)\cos(l'-l)-ee'\cos(2l'-2l-\varpi'+\varpi)\right.$$

$$+\frac{3}{2}e\cos(l'-\varpi)-\frac{1}{2}e\cos(l'-2l+\varpi)-2e'\cos(2l'-l-\varpi')$$

$$-\frac{e^2}{8}\cos(l'+l-2\varpi)-\frac{3}{8}e^2\cos(l'-3l+2\varpi)+3ee'\cos(2l'-\varpi'-\varpi)$$

$$\left.-\frac{e'^2}{8}\cos(l'+l-2\varpi')-\frac{27}{8}e'^2\cos(3l'-l-2\varpi')\right]$$

$$-\frac{a}{a'^2}\left[-\left(\sin^2\frac{\varphi}{2}+\sin^2\frac{\varphi'}{2}\right)\cos(l'-l)+\sin^2\frac{\varphi}{2}\cos(l'+l-2\theta)+\sin^2\frac{\varphi'}{2}\cos(l'+l-2\theta')\right.$$

$$\left.+\frac{1}{2}\sin\varphi\sin\varphi'\left[\cos(l'-l-\theta'+\theta)-\cos(l'+l-\theta'-\theta)\right]\right].$$

La valeur de $R_{(1,0)}$, au même degré d'approximation, sera de même fournie par les formules suivantes.

### Première partie.

$$(r^2+r'^2-2rr's)^{-\frac{1}{2}},$$

la même que dans $R_{(0,1)}$.

### Deuxième partie.

$$-\frac{r's}{r^2} = \frac{a'}{a^2}\left[\left(-1+\frac{e^2+e'^2}{2}\right)\cos(l'-l)-ee'\cos(2l'-2l-\varpi'+\varpi)\right.$$

$$-2e\cos(l'-2l+\varpi)+\frac{3}{2}e'\cos(l-\varpi')-\frac{1}{2}e'\cos(2l'-l-\varpi')$$

$$-\frac{e^2}{8}\cos(l'+l-2\varpi)-\frac{27}{8}e^2\cos(l'-3l+2\varpi)+3ee'\cos(2l-\varpi'-\varpi)$$

$$\left.-\frac{e'^2}{8}\cos(l'+l-2\varpi')-\frac{3}{8}e'^2\cos(3l'-l-2\varpi')\right]$$

$$-\frac{a'}{a^2}\left[-\left(\sin^2\frac{\varphi}{2}+\sin^2\frac{\varphi'}{2}\right)\cos(l'-l)+\sin^2\frac{\varphi}{2}\cos(l'+l-2\theta)+\sin^2\frac{\varphi'}{2}\cos(l'+l-2\theta')\right.$$

$$\left.+\frac{1}{2}\sin\varphi\sin\varphi'\left[\cos(l'-l-\theta'+\theta)-\cos(l'+l-\theta'-\theta)\right]\right].$$

4. Pour les fonctions $R_{(0,1)}$, $R_{(1,1)}$,… qui proviennent de l'action du Soleil, nous emploierons un autre mode de développement, celui dont on fait usage dans la théorie de la Lune. Développons, par la formule de Newton, le second membre de l'expression

$$R_{(0,1)} = (r^2+\mathfrak{R}^2-2r\mathfrak{R}s)^{-\frac{1}{2}}-\frac{rs}{\mathfrak{R}^2},$$

en négligeant, à l'exemple de Laplace, la quatrième puissance du rapport $\frac{r}{\mathcal{R}}$ $\left(\text{même pour le quatrième satellite, ce rapport n'atteint pas } \frac{1}{400}\right)$. La fonction $R_{(0,s)}$ se réduira aux deux termes $\frac{1}{\mathcal{R}} + \frac{3s^2-1}{2}\frac{r^2}{\mathcal{R}^3}$, dont le premier est inutile à conserver puisqu'il ne contient que les éléments du Soleil. On aura donc simplement

$$R_{(0,s)} = \frac{3s^2-1}{2}\frac{r^2}{\mathcal{R}^3}.$$

Si, dans cette expression, on remplace les quantités $s$, $r$, $\mathcal{R}$ par leurs valeurs en fonction des éléments du satellite $m$ et du Soleil, il vient, en se bornant aux secondes puissances des excentricités et des inclinaisons, et mettant $\varphi$ et $\Phi$ au lieu de $\sin\varphi$ et $\sin\Phi$, le développement suivant que nous empruntons à un Mémoire de M. Puiseux sur les principales inégalités du mouvement de la Lune (*Annales scientifiques de l'École Normale supérieure*, t. I, p. 49) :

$$\begin{aligned}
R_{(0,s)} = \frac{a^2}{\mathcal{M}^3}\Big[ &\tfrac{1}{4} + \tfrac{3}{4}\cos(2\ell-2l) + \tfrac{3}{4}\mathcal{E}\cos(\ell-\Pi) + \tfrac{21}{8}\mathcal{E}\cos(3\ell-2l-\Pi) \\
&- \tfrac{3}{8}\mathcal{E}\cos(\ell-2l+\Pi) - \tfrac{1}{2}e\cos(l-\varpi) - \tfrac{9}{4}e\cos(2\ell-l-\varpi) \\
&+ \tfrac{3}{4}e\cos(2\ell-3l+\varpi) + \tfrac{3}{8}\mathcal{E}^2 + \tfrac{9}{8}\mathcal{E}^2\cos(2\ell-2\Pi) \\
&+ \tfrac{51}{8}\mathcal{E}^2\cos(4\ell-2l-2\Pi) - \tfrac{15}{8}\mathcal{E}^2\cos(2\ell-2l) + \tfrac{3}{8}e^2 - \tfrac{1}{8}e^2\cos(2l-2\varpi) \\
&+ \tfrac{3}{4}e^2\cos(2\ell-4l+2\varpi) - \tfrac{15}{8}e^2\cos(2\ell-2l) + \tfrac{15}{8}e^2\cos(2\ell-2\varpi) \\
&- \tfrac{3}{4}e\mathcal{E}\cos(\ell+l-\Pi-\varpi) + \tfrac{9}{8}e\mathcal{E}\cos(\ell-l+\Pi-\varpi) \\
&+ \tfrac{21}{8}e\mathcal{E}\cos(3\ell-3l-\Pi+\varpi) - \tfrac{63}{8}e\mathcal{E}\cos(3\ell-l-\Pi-\varpi) \\
&- \tfrac{3}{8}e\mathcal{E}\cos(\ell-3l+\Pi+\varpi) - \tfrac{3}{4}e\mathcal{E}\cos(\ell-l-\Pi+\varpi) \\
&- \tfrac{3}{8}\varphi^2 - \tfrac{3}{8}\varphi^2\cos(2\ell-2l) + \tfrac{3}{8}\varphi^2\cos(2l-2\theta) + \tfrac{3}{8}\varphi^2\cos(2\ell-2\theta) \\
&- \tfrac{3}{8}\Phi^2 - \tfrac{3}{8}\Phi^2\cos(2\ell-2l) + \tfrac{3}{8}\Phi^2\cos(2l-2\Theta) + \tfrac{3}{8}\Phi^2\cos(2\ell-2\Theta) \\
&+ \tfrac{3}{4}\varphi\Phi\cos(\Theta-\theta) + \tfrac{3}{4}\varphi\Phi\cos(2\ell-2l-\Theta+\theta) \\
&- \tfrac{3}{4}\varphi\Phi\cos(2\ell-\Theta-\theta) - \tfrac{3}{4}\varphi\Phi\cos(2l-\Theta-\theta) \Big].
\end{aligned}$$

On obtiendrait $R_{(1,s)}$ en remplaçant dans la formule précédente les éléments du satellite $m$ par ceux du satellite $m'$, et ainsi de suite.

5. Il nous reste à développer la fonction $V = \dfrac{K}{r^3}\left(\dfrac{1}{3} - \sin^2 d\right)$.

Si l'on désigne par $\omega$ l'inclinaison de l'équateur de Jupiter sur le plan fixe et par $360° - \psi$ la longitude de son nœud descendant, par $\lambda$ la latitude du satellite $m$, par $v$ sa longitude vraie et par $v_i$ sa longitude projetée, on a les formules

$$\sin d = \sin \lambda \cos \omega + \sin \omega \cos \lambda \sin(v_i + \psi), \quad \sin \lambda = \sin(v - \theta)\sin\varphi,$$

d'où

$$\sin d = \sin(v - \theta)\sin\varphi \cos \omega + \sin \omega \sin(v_i + \psi)\sqrt{1 - \sin^2(v - \theta)\sin^2\varphi}.$$

Les angles $\varphi$ et $\omega$ étant très-petits et les longitudes $v$ et $v_i$ ne différant que par des termes du second ordre au moins par rapport à $\varphi$, la valeur de $\sin d$ peut se réduire, en ne négligeant que des termes du troisième ordre au moins en $\varphi$ et $\omega$, à l'expression simple

$$\sin d = \varphi \sin(v - \theta) + \omega \sin(v + \psi).$$

Par suite, la valeur de $V$ pourra s'écrire

$$V = \frac{K}{r^3}\left\{ \frac{1}{3} - [\varphi \sin(v - \theta) + \omega \sin(v + \psi)]^2 \right\}.$$

En y mettant pour $r$ et $v$ leurs expressions en fonction des éléments du satellite et se bornant au second ordre par rapport aux excentricités et aux inclinaisons, on obtient le développement

$$V = \frac{K}{a^3}\left\{ \frac{1}{3} + e \cos(l - \varpi) \right.$$
$$+ \frac{1}{2}\left[ e^2 + 3e^2 \cos(2l - 2\varpi) - \varphi^2 - \omega^2 - 2\varphi\omega \cos(\psi + \theta) + \varphi^2 \cos(2l - 2\theta) \right.$$
$$\left.\left. + \omega^2 \cos(2l + 2\psi) + 2\varphi\omega \cos(2l + \psi - \theta)\right] \right\}.$$

Pour obtenir les fonctions $V'$, $V''$, $V'''$, il suffit de remplacer dans $V$ les éléments du satellite $m$ par ceux des satellites $m'$, $m''$, $m'''$.

6. Les formules générales des n$^{os}$ 3, 4, 5 nous fourniront tous les termes des diverses fonctions perturbatrices qu'il faudra employer pour obtenir les inégalités des éléments : ces termes ne seront d'ailleurs pas les mêmes, selon qu'il s'agira de tel ou tel élément d'un même satellite. Nous prendrons pour règle de ne conserver dans chaque formule que des termes comparables, et nous nous bornerons en conséquence aux termes de l'ordre le moins élevé par rapport aux excentricités et aux inclinaisons, en y joignant les termes de l'ordre suivant qui auront un petit diviseur ou un grand coefficient, s'il y a lieu. D'après les données de l'observation, les moyens mouvements des trois premiers satellites sont à peu près comme les

nombres $1, \frac{1}{2}, \frac{1}{4}$ : il en résulte que les termes auxquels l'intégration pourra faire acquérir de petits diviseurs seront ceux qui contiendront l'un des angles $2l' - l$, $2l'' - l'$ ou de leurs multiples. Il n'y a pas lieu de considérer les termes en $4l'' - l$, parce qu'ils seraient au moins du troisième ordre par rapport aux excentricités et aux inclinaisons; et quant au quatrième satellite, son moyen mouvement n'a pas de rapport simple avec ceux des trois premiers. D'autre part, les termes provenant de V contiennent le coefficient K sans aucune masse : ils peuvent donc avoir des valeurs relativement considérables. Voici, d'après Laplace, les valeurs approchées des éléments dont l'ordre de grandeur importe à considérer :

*Excentricités :*

$e$ et $e'$ sont insensibles, $\quad e'' = 0,001\,342, \quad e''' = 0,007\,277,$

l'*Annuaire du Bureau des Longitudes* donne :

$$\mathcal{E} = 0,048\,2388.$$

*Moyens mouvements diurnes en parties du rayon :*

$$n = 3,551\,548, \quad n' = 1,769\,323, \quad n'' = 0,878\,2082, \quad n''' = 0,376\,4876;$$

et d'après l'*Annuaire :*

$$\mathfrak{N} = 0,001\,450\,22,$$

d'où

$$n - 2n' = 0,012\,902, \quad n' - 2n'' = 0,012\,906.$$

*Inclinaisons en parties du rayon* (le plan fixe étant l'orbite de Jupiter en 1750) :

$$\varphi = 0,053\,92, \quad \varphi' = 0,053\,63, \quad \varphi'' = 0,052\,49, \quad \varphi''' = 0,046\,82, \quad \omega = 0,053\,94.$$

*Masses* (celle de Jupiter étant prise pour unité) :

$$m = 0,000\,017, \quad m' = 0,000\,23, \quad m'' = 0,000\,088, \quad m''' = 0,000\,042, \quad \mathfrak{N} = 1050.$$

*Valeur de la constante* K (en prenant pour unité de distance le rayon de l'équateur de Jupiter) :

$$K = 0,021\,9013.$$

# CHAPITRE II.

### INÉGALITÉS PÉRIODIQUES DU PREMIER ORDRE PAR RAPPORT AUX MASSES.

7. Nous allons déterminer, en premier lieu, les inégalités périodiques des éléments elliptiques et de la longitude moyenne pour chacun des satellites, en nous bornant aux premières puissances des masses, et nous en déduirons les perturbations des coordonnées jovicentriques. Quand il s'agit des planètes, les éléments elliptiques variant peu, on intègre les équations qui expriment leurs variations en regardant ces éléments comme constants dans les seconds membres. Mais, dans le cas des satellites, cette première approximation serait insuffisante, car l'observation constate un déplacement assez rapide des nœuds et des périjoves (plus de 12 degrés par an pour le nœud du second satellite). Il conviendra donc ici, suivant la marche indiquée par Poisson pour le cas analogue de la théorie de la Lune, de remplacer, dans les seconds membres, ceux des éléments qui changent au bout d'un temps assez court par leurs parties constantes augmentées de leurs inégalités séculaires : nous poserons, en conséquence, $\varpi = \varpi_0 + \alpha t$, $\theta = \theta_0 + \beta t$, $\varpi' = \varpi'_0 + \alpha' t, \dots$ Les quantités $\alpha$, $\beta$, $\alpha', \dots$, sont, comme on le sait, les parties non périodiques des valeurs de $\frac{d\varpi}{dt}$, $\frac{d\theta}{dt}$, $\frac{d\varpi'}{dt}, \dots$ : on en trouvera plus loin les expressions complètes ($n^{os}$ **27** et **33**). Pour le moment, il nous suffira d'observer que les termes de ces expressions qui dépendent des dimensions de Jupiter sont de beaucoup les plus considérables, en sorte qu'on a à très-peu près

$$\alpha = \frac{K n}{a^2 \mu}, \quad \beta = -\frac{K n}{a^2 \mu}, \quad \alpha' = \frac{K n'}{a'^2 \mu'}, \dots ;$$

parmi les termes qu'on néglige, les seuls qui aient encore une valeur sensible sont ceux qui proviennent de l'action du Soleil.

Cette modification de la méthode générale n'aura d'autre effet que de changer un peu les dénominateurs introduits par l'intégration dans celles des inégalités dont l'argument contient l'une des quantités $\varpi$, $\theta$, $\varpi', \dots$ ; par exemple, en intégrant le terme $M \sin (2l' - l - \varpi)$, on obtiendra

$$-\frac{M}{2n' - n - \alpha} \cos(2l' - l - \varpi) \quad \text{au lieu de} \quad -\frac{M}{2n' - n} \cos(2l' - l - \varpi).$$

Si l'on observe que la quantité $\alpha$ est précisément égale à la différence qui existe entre $n$ et la quantité que Laplace désigne par N, on verra que cette manière d'opérer revient à celle de Laplace, en ce qui concerne les inégalités du rayon

2.

vecteur et de la longitude. Malgré cela, les formules que nous obtiendrons ainsi ne seront pour nous qu'une première approximation, et nous les remplacerons au chapitre VI par des expressions plus exactes mais aussi plus compliquées, dont quelques-unes se trouvent aussi dans Laplace. Nous ferons de même pour les latitudes, mais ce seront les formules du chapitre VI et non celles du chapitre II qui coïncideront avec celles de Laplace.

## I. *Inégalités des grands axes.*

8. Occupons-nous d'abord du premier satellite. La variation du grand axe est donnée par la formule

$$\frac{da}{dt} = \frac{2}{na} \frac{d\Omega}{d\varepsilon}.$$

Considérons en premier lieu dans $\Omega$ la partie $fm'\,R_{(0,1)}$ : nous devrons y prendre les termes d'ordre zéro et les termes du premier ordre qui contiennent $2l' - l$. Nous prendrons donc

$$R_{(0,1)} = \frac{1}{2} A^{(i)} \cos(il' - il) - \frac{a}{a'^2} \cos(l' - l)$$
$$+ A e \cos(2l' - l - \varpi) + \left(B - \frac{2a}{a'^2}\right) e' \cos(2l' - l - \varpi'),$$

en posant, pour abréger,

$$A = -\frac{1}{2}\left(4 A^{(2)} + A_1^{(2)}\right), \quad B = \frac{1}{2}\left(3 A^{(1)} + A_1^{(2)}\right).$$

Dans les fonctions $R_{(0,2)}$ et $R_{(0,3)}$ nous n'aurons à prendre que les termes d'ordre zéro, ce qui donnera

$$R_{(0,2)} = \frac{1}{2} \dot{A}^{(i)} \cos(il'' - il) - \frac{a}{a''^2} \cos(l'' - l),$$
$$R_{(0,3)} = \frac{1}{2} \ddot{A}^{(i)} \cos(il''' - il) - \frac{a}{a'''^2} \cos(l''' - l),$$

$\dot{A}^{(i)}$ et $\ddot{A}^{(i)}$ désignant ce que devient le coefficient $A^{(i)}$ quand on y remplace $a'$ par $a''$ ou $a'''$.

De même la fonction $R_{(0,s)}$ se réduira à

$$R_{(0,c)} = \frac{3 a^2}{4\,\lambda^3} \cos(2\zeta - 2l).$$

Enfin, à cause de la grandeur du coefficient K qui n'est multiplié par aucune masse, nous prendrons

$$V = \frac{K}{a^3} e \cos(l - \varpi).$$

D'après cela, en posant $\mu = 1 + m$, et éliminant la constante $f$ au moyen de la relation $f\mu = n^2 a^3$, nous trouverons pour exprimer la variation du grand axe la formule

$$\delta a = -\frac{m'a}{\mu}\frac{n}{n'-n}\left[a\,\mathrm{A}^{(i)}\cos(il'-il) - \frac{2a^2}{a'^2}\cos(l'-l)\right]$$
$$-\frac{m''a}{\mu}\frac{n}{n''-n}\left[a\,\dot{\mathrm{A}}^{(i)}\cos(il''-il) - \frac{2a^2}{a''^2}\cos(l''-l)\right]$$
$$-\frac{m'''a}{\mu}\frac{n}{n'''-n}\left[a\,\ddot{\mathrm{A}}^{(i)}\cos(il'''-il) - \frac{2a^2}{a'''^2}\cos(l'''-l)\right]$$
$$-\frac{3}{2}\frac{\mathfrak{M}}{\mu}\frac{a^2}{\mathcal{A}^3}\frac{n}{\mathfrak{N}-n}\cos(2\mathcal{L}-2l)$$
$$-\frac{2m'a}{\mu}\left[\frac{n}{2n'-n-\alpha}a\mathrm{A}e\cos(2l'-l-\varpi)\right.$$
$$\left.+\frac{n}{2n'-n-\alpha'}\left(a\mathrm{B}-\frac{2a^2}{a'^2}\right)e'\cos(2l'-l-\varpi')\right]$$
$$+\frac{2K}{\mu a}\frac{n}{n-\alpha}e\cos(l-\varpi).$$

9. Pour le second satellite on devra prendre

$$R_{(1,0)} = \frac{1}{2}\mathrm{A}^{(i)}\cos(il-il') - \frac{a'}{a^2}\cos(l-l')$$
$$+ \mathrm{A}e\cos(2l'-l-\varpi) + \left(\mathrm{B}-\frac{a'}{2a^2}\right)e'\cos(2l'-l-\varpi'),$$
$$R_{(1,2)} = \frac{1}{2}\mathrm{A}'^{(i)}\cos(il''-il') - \frac{a'}{a''^2}\cos(l''-l')$$
$$+ \mathrm{A}'e'\cos(2l''-l'-\varpi') + \left(\mathrm{B}'-\frac{2a'}{a''^2}\right)e''\cos(2l''-l'-\varpi''),$$
$$R_{(1,3)} = \frac{1}{2}\dot{\mathrm{A}}'^{(i)}\cos(il'''-il') - \frac{a'}{a'''^2}\cos(l'''-l');$$

$R_{(1,2)}$ se déduit de $R_{(0,1)}$ en ajoutant un accent à chaque lettre; nous désignons par $\mathrm{A}'^{(i)}$ ce que devient $\mathrm{A}^{(i)}$ quand on y change $a$ et $a'$ respectivement en $a'$ et $a''$, et par $\mathrm{A}'$ et $\mathrm{B}'$ les expressions $-\frac{1}{2}(4\mathrm{A}'^{(2)} + \mathrm{A}_1'^{(2)})$, $\frac{1}{2}(3\mathrm{A}'^{(1)} + \mathrm{A}_1^{(1)})$. De même $R_{(1,3)}$ se déduit de $R_{(0,2)}$ par l'addition d'un accent, et $\dot{\mathrm{A}}'^{(i)}$ désigne ce que devient $\mathrm{A}^{(i)}$ quand on change $a$ et $a'$ respectivement en $a'$ et $a'''$. Quant aux fonctions $R_{(1,s)}$ et $V'$, elles ne diffèrent de $R_{(0,s)}$ et $V$ que par la substitution des éléments du second satellite à ceux du premier.

On aura par conséquent

$$\delta a' = -\frac{ma'}{\mu'}\,\frac{n'}{n-n'}\left[a'\mathrm{A}^{(i)}\cos(il-il') - \frac{2\,a'^2}{a^2}\cos(l-l')\right]$$

$$-\frac{m''a'}{\mu'}\,\frac{n'}{n''-n'}\left[a'\mathrm{A}'^{(i)}\cos(il''-il') - \frac{2\,a'^2}{a''^2}\cos(l''-l')\right]$$

$$-\frac{m'''a'}{\mu'}\,\frac{n'}{n'''-n'}\left[a'\dot{\mathrm{A}}'^{(i)}\cos(il'''-il') - \frac{2\,a'^2}{a'''^2}\cos(l'''-l')\right]$$

$$-\frac{3}{2}\frac{\mathfrak{M}}{\mu'}\,\frac{a'^4}{\lambda^3}\,\frac{n'}{\mathfrak{N}-n'}\cos(2\mathcal{L}-2l')$$

$$+\frac{4\,ma'}{\mu'}\left[\frac{n'}{2n'-n-\alpha}\,a'\mathrm{A}e\cos(2l'-l-\varpi)\right.$$

$$\left.+\frac{n'}{2n'-n-\alpha'}\left(a'\mathrm{B}-\frac{a'^2}{2a^2}\right)e'\cos(2l'-l-\varpi')\right]$$

$$-\frac{2\,m''a'}{\mu'}\left[\frac{n'}{2n''-n'-\alpha'}\,a'\mathrm{A}'e'\cos(2l''-l'-\varpi')\right.$$

$$\left.+\frac{n'}{2n''-n'-\alpha''}\left(a'\mathrm{B}'-\frac{2\,a'^2}{a''^2}\right)e''\cos(2l''-l'-\varpi'')\right]$$

$$+\frac{2\,\mathrm{K}}{\mu'a'}\,\frac{n'}{n'-\alpha'}\,e'\cos(l'-\varpi').$$

Pour le troisième satellite on devra prendre

$$\mathrm{R}_{(2,0)} = \frac{1}{2}\dot{\mathrm{A}}^{(i)}\cos(il-il'') - \frac{a''}{a^2}\cos(l-l''),$$

$$\mathrm{R}_{(2,1)} = \frac{1}{2}\mathrm{A}'^{(i)}\cos(il'-il'') - \frac{a''}{a'^2}\cos(l'-l'')$$

$$+\mathrm{A}'e'\cos(2l''-l'-\varpi') + \left(\mathrm{B}'-\frac{a''}{2a'^2}\right)e''\cos(2l''-l'-\varpi''),$$

$$\mathrm{R}_{(2,3)} = \frac{1}{2}\mathrm{A}''^{(i)}\cos(il'''-il'') - \frac{a''}{a'''^2}\cos(l'''-l'').$$

$\mathrm{R}_{(2,1)}$ et $\mathrm{R}_{(2,3)}$ se déduisent respectivement de $\mathrm{R}_{(1,0)}$ et $\mathrm{R}_{(1,2)}$ par l'addition d'un accent. On aura par suite

$$\delta a'' = -\frac{ma''}{\mu''}\,\frac{n''}{n-n''}\left[a''\dot{\mathrm{A}}^{(i)}\cos(il-il'') - \frac{2\,a''^2}{a^2}\cos(l-l'')\right],$$

et deux lignes pareilles provenant de $\mathrm{R}_{(2,1)}$ et $\mathrm{R}_{(2,3)}$,

puis deux termes provenant de $\mathrm{R}_{(2,1)}$ et $\mathrm{V}''$;

$$+\frac{4\,m'a''}{\mu''}\left[\frac{n''}{2n''-n'-\alpha'}\,a''\mathrm{A}'e'\cos(2l''-l'-\varpi')\right.$$

$$\left.+\frac{n''}{2n''-n'-\alpha''}\left(a''\mathrm{B}'-\frac{a''^2}{2a'^2}\right)e''\cos(2l''-l'-\varpi'')\right].$$

On devra prendre enfin pour le quatrième satellite

$$R_{(3,0)} = \frac{1}{2}\ddot{A}^{(i)}\cos(il - il''') - \frac{a'''}{a^3}\cos(l - l'''),$$

$$R_{(3,1)} = \frac{1}{2}\dot{A}'^{(i)}\cos(il' - il''') - \frac{a'''}{a'^2}\cos(l' - l'''),$$

$$R_{(3,2)} = \frac{1}{2}A''^{(i)}\cos(il'' - il''') - \frac{a'''}{a''^2}\cos(l'' - l'''),$$

ce qui donnera pour la variation de son grand axe la formule

$$\delta a''' = -\frac{ma'''}{\mu'''}\frac{n'''}{n - n'''}\left[a'''\ddot{A}^{(i)}\cos(il - il''') - \frac{a'''^2}{a^2}\cos(l - l''')\right],$$

et deux lignes pareilles provenant de $R_{(3,1)}$ et $R_{(3,2)}$;

puis deux termes provenant de $R_{(3,t)}$ et $V'''$.

## II. *Inégalités des longitudes moyennes.*

**10.** Si l'on pose $\rho = \int n\,dt$, la longitude moyenne du satellite $m$ a pour expression $l = \rho + \varepsilon$, et les variations de chacune des parties $\rho$ et $\varepsilon$ sont données par les formules

$$\frac{d^2\rho}{dt^2} = -\frac{3}{a^2}\frac{d\Omega}{d\varepsilon}, \quad \frac{d\varepsilon}{dt} = -\frac{2}{na}\frac{d\Omega}{da} + \frac{e\sqrt{1 - e^2}}{na^2(1 + \sqrt{1 - e^2})}\frac{d\Omega}{de} + \frac{\tang\frac{\varphi}{2}}{na^2\sqrt{1 - e^2}}\frac{d\Omega}{d\varphi}.$$

La seconde formule peut être simplifiée : en effet, les termes de l'ordre le moins élevé dans le second membre seront, pour la première partie, de l'ordre zéro ; pour la deuxième, du premier ordre ; pour la troisième, du second ordre. On peut donc négliger la troisième partie et ne conserver dans la deuxième que les termes contenant K et ceux auxquels l'intégration fera acquérir un petit diviseur. On peut en outre réduire à $\frac{e}{2na^2}$ le coefficient de $\frac{d\Omega}{de}$. Il vient ainsi pour la seconde formule

$$\frac{d\varepsilon}{dt} = -\frac{2}{na}\frac{d\Omega}{da} + \frac{e}{2na^2}\frac{d\Omega}{de},$$

et les valeurs à prendre pour les diverses parties de $\Omega$ seront les mêmes que dans le § I; seulement nous prendrons en outre dans $R_{(0,3)}$ le terme $\frac{3}{4}\frac{a^2}{\mathscr{A}^3}c\cos(\mathcal{L} - \Pi)$ qui donnera pour l'élément $\varepsilon$ une inégalité à longue période dont le coefficient n'est pas négligeable.

Le même raisonnement s'applique sans modification à chacun des trois autres satellites. On formera ainsi le tableau suivant pour les inégalités des longitudes moyennes :

*Premier satellite.*

$$\delta\rho = \frac{3}{2}\frac{m'}{\mu}\left(\frac{n}{n'-n}\right)^{2}\left[\frac{\mathrm{I}}{i}\,a\mathrm{A}^{(i)}\sin(il'-il)-\frac{2\,a^{2}}{a'^{2}}\sin(l'-l)\right]$$

et deux lignes pareilles contenant $m''$ et $m'''$ ;

$$+\frac{9}{8}\frac{\mathfrak{M}}{\mu}\frac{a^{3}}{\mathcal{A}^{3}}\left(\frac{n}{\mathfrak{N}-n}\right)^{2}\sin(2\mathcal{L}-2l)$$

$$-\frac{3\,\mathrm{K}}{a^{2}\mu}\frac{n}{n-\alpha}\,e\sin(l-\varpi)$$

$$+\frac{3\,m'}{\mu}\left[\left(\frac{n}{2\,n'-n-\alpha}\right)^{2}a\mathrm{A}e\sin(2\,l'-l-\varpi)\right.$$

$$\left.+\left(\frac{n}{2\,n'-n-\alpha'}\right)^{2}\left(a\mathrm{B}-\frac{2\,a^{2}}{a'^{2}}\right)e'\sin(2\,l'-l-\varpi')\right].$$

$$\delta\varepsilon = -\frac{m'}{\mu}\frac{n}{n'-n}\left[\frac{\mathrm{I}}{i}\,a\mathrm{A}_{1}^{(i)}\sin(il'-il)-\frac{2\,a^{2}}{a'^{2}}\sin(l'-l)\right]$$

et deux lignes pareilles contenant $m''$ et $m'''$ ;

$$-\frac{3}{2}\frac{\mathfrak{M}}{\mu}\frac{a^{3}}{\mathcal{A}^{3}}\frac{n}{\mathfrak{N}-n}\sin(2\mathcal{L}-2l)-\frac{3\,\mathfrak{M}}{\mu}\frac{a^{3}}{\mathcal{A}^{3}}\frac{n}{\mathfrak{N}}\,\mathcal{E}\sin(\mathcal{L}-\Pi)$$

$$+\frac{13}{2}\frac{\mathrm{K}}{a^{2}\mu}\frac{n}{n-\alpha}\,e\sin(l-\varpi)$$

$$+\frac{m'}{\mu}\left[\frac{n}{2\,n'-n-\alpha}\,e\left(a\frac{\mathrm{A}}{2}-2\,a^{2}\frac{d\mathrm{A}}{da}\right)\sin(2\,l'-l-\varpi)\right.$$

$$\left.-\frac{n}{2\,n'-n-\alpha'}\,2\,e'\left(a^{2}\frac{d\mathrm{B}^{2}}{da}-\frac{2\,a^{2}}{a'^{2}}\right)\sin(2\,l'-l-\varpi')\right].$$

L'inégalité d'argument $\mathcal{L}-\Pi$ a pour période une année de Jupiter : elle est analogue à l'*équation annuelle* de la longitude moyenne dans la théorie de la Lune. De même les inégalités d'argument $2\mathcal{L}-2l$ sont analogues à la *variation*. Il serait facile de retrouver aussi l'analogue de l'*évection :* il suffirait pour cela de prendre dans $\mathrm{R}_{(0,s)}$ le terme $-\frac{9}{4}\frac{a^{2}}{\mathcal{A}^{3}}e\cos(2\mathcal{L}-l-\varpi)$. Mais les termes qui en résulteraient dans $\delta\rho$ et $\delta\varepsilon$ seraient négligeables à côté des précédents, parce que $e$ est beaucoup plus petite que $\mathcal{E}$, et que le diviseur $2\mathfrak{N}-n-\alpha$ est, en valeur absolue, beaucoup plus grand que $\mathfrak{N}$. Et en effet, après avoir calculé l'expression analytique de cette inégalité, Laplace reconnaît, lors de la réduction en nombres, qu'elle est négligeable.

### Second satellite.

$$\delta\rho' = \frac{3}{2}\frac{m}{\mu'}\left(\frac{n'}{n-n'}\right)^2\left[\frac{1}{i}\,a'\,\mathrm{A}^{(i)}\sin(il-il') - \frac{2a'^2}{a^2}\sin(l-l')\right]$$

et deux lignes pareilles contenant $m''$ et $m'''$

puis deux termes en $\mathfrak{M}$ et $\mathrm{K}$ comme dans $\delta\rho$

$$-\frac{6m}{\mu'}\left[\left(\frac{n'}{2n'-n-\alpha}\right)^2 a'\,\mathrm{A}\,e\sin(2l'-l-\varpi)\right.$$
$$\left.+\left(\frac{n'}{2n'-n-\alpha'}\right)^2\left(a'\,\mathrm{B}-\frac{a'^2}{2a^2}\right)e'\sin(2l'-l-\varpi')\right]$$
$$+\frac{3m''}{\mu'}\left[\left(\frac{n'}{2n''-n'-\alpha'}\right)^2 a'\,\mathrm{A}'e'\sin(2l''-l'-\varpi')\right.$$
$$\left.+\left(\frac{n'}{2n''-n'-\alpha''}\right)^2\left(a'\,\mathrm{B}'-\frac{2a'^2}{a''^2}\right)e''\sin(2l''-l'-\varpi'')\right].$$

$$\delta\varepsilon' = -\frac{m}{\mu'}\frac{n'}{n-n'}\left[-\frac{1}{i}\left(a'\,\mathrm{A}^{(i)}+a'\,\mathrm{A}_1^{(i)}\right)\sin(il-il') - \frac{2a'^2}{a^2}\sin(l-l')\right]$$
$$-\frac{m''}{\mu'}\frac{n'}{n''-n'}\left[\frac{1}{i}\,a'\,\mathrm{A}_1'^{(i)}\sin(il''-il') - \frac{2a'^2}{a''^2}\sin(l''-l')\right]$$

et une ligne, analogue à la précédente, contenant $m'''$

puis deux lignes en $\mathfrak{M}$ et un terme en $\mathrm{K}$, comme dans $\delta\varepsilon$

$$+\frac{m}{\mu'}\left[-\frac{n'}{2n'-n-\alpha}\,2e\,a'^2\frac{d\mathrm{A}}{da'}\sin(2l'-l-\varpi)\right.$$
$$\left.+\frac{n'}{2n'-n-\alpha'}\,e'\left(\frac{1}{2}\,a'\,\mathrm{B}-2a'^2\frac{d\mathrm{B}}{da'}+\frac{3}{4}\frac{a'^2}{a^2}\right)\sin(2l'-l-\varpi')\right]$$
$$+\frac{m''}{\mu'}\left[\frac{n'}{2n''-n'-\alpha'}\,e'\left(a'\frac{\mathrm{A}'}{2}-2a'^2\frac{d\mathrm{A}'}{da'}\right)\sin(2l''-l'-\varpi')\right.$$
$$\left.-\frac{n'}{2n''-n'-\alpha''}\,2e''\left(a'^2\frac{d\mathrm{B}'}{da'}-\frac{2a'^2}{a''^2}\right)\sin(2l''-l'-\varpi'')\right].$$

### Troisième satellite.

$$\delta\rho'' = \frac{3}{2}\frac{m}{\mu''}\left(\frac{n''}{n-n''}\right)^2\left[\frac{1}{i}\,a''\,\mathrm{A}^{(i)}\sin(il-il'') - \frac{2a''^2}{a^2}\sin(l-l'')\right]$$

et deux lignes pareilles contenant $m'$ et $m'''$

$+$ deux termes en $\mathfrak{M}$ et $\mathrm{K}$

$$-\frac{6m'}{\mu''}\left[\left(\frac{n''}{2n''-n'-\alpha'}\right)^2 a''\,\mathrm{A}'e'\sin(2l''-l'-\varpi')\right.$$
$$\left.+\left(\frac{n''}{2n''-n'-\alpha''}\right)^2 e''\left(a''\,\mathrm{B}'-\frac{a''^2}{2a'^2}\right)\sin(2l''-l'-\varpi'')\right].$$



3

$$\delta\varepsilon'' = -\frac{m}{\mu''}\frac{n''}{n-n''}\left[-\frac{1}{i}\left(a''\dot{A}^{(i)}+a''\dot{A}_i^{(i)}\right)\sin(il-il'')-\frac{2\,a''^2}{a^2}\sin(l-l'')\right]$$

$+$ une ligne pareille contenant $m'$

$$-\frac{m'''}{\mu''}\frac{n''}{n'''-n''}\left[\frac{1}{i}\,a''A_1^{''(i)}\sin(il'''-il'')-\frac{2\,a''^2}{a'''^2}\sin(l'''-l'')\right]$$

$+$ deux termes en $\mathfrak{M}$ et un terme en $K$

$$+\frac{m'}{\mu''}\left[-\frac{n''}{2n''-n'-\alpha'}\,2e'a''^2\frac{dA'}{da''}\sin(2l''-l'-\varpi')\right.$$

$$\left.+\frac{n''}{2n''-n'-\alpha''}\,e'''\left(\frac{1}{2}\,a''B'-2a''^2\frac{dB'}{da'}+\frac{3}{4}\frac{a''^2}{a'^2}\right)\sin(2l''-l'-\varpi'')\right].$$

Quatrième satellite.

$$\delta\rho''' = \frac{3}{2}\frac{m}{\mu'''}\left(\frac{n'''}{n-n'''}\right)^2\left[\frac{1}{i}\,a'''\ddot{A}^{(i)}\sin(il-il''')-\frac{2\,a'''^2}{a^2}\sin(l-l''')\right]$$

$+$ deux lignes pareilles contenant $m'$ et $m''$

$+$ deux termes en $\mathfrak{M}$ et $K$.

$$\delta\varepsilon''' = -\frac{m}{\mu'''}\frac{n'''}{n-n'''}\left[-\frac{1}{i}\left(a'''\ddot{A}^{(i)}+a'''\ddot{A}_1^{(i)}\right)\sin(il-il''')-\frac{2\,a'''^2}{a^2}\sin(l-l''')\right]$$

$+$ deux lignes pareilles contenant $m'$ et $m''$

$+$ deux termes en $\mathfrak{M}$ et un terme en $K$.

## III. *Inégalités des excentricités et des longitudes des périjoves.*

11. Les formules générales

$$\frac{de}{dt} = -\frac{\sqrt{1-e^2}}{na^2}\frac{1}{e}\frac{d\Omega}{d\varpi}-\frac{\sqrt{1-e^2}}{na^2\left(1+\sqrt{1-e^2}\right)}\,e\,\frac{d\Omega}{d\varepsilon},$$

$$\frac{d\varpi}{dt} = \frac{\sqrt{1-e^2}}{na^2}\frac{1}{e}\frac{d\Omega}{de}+\frac{tg\,\dfrac{\varphi}{2}}{na^2\sqrt{1-e^2}}\frac{d\Omega}{d\varphi},$$

peuvent être ici beaucoup simplifiées. Les termes de l'ordre le moins élevé dans l'expression $\frac{1}{e}\frac{d\Omega}{d\varpi}$ sont de l'ordre zéro, et parmi ces termes il en est qui acquerront de petits diviseurs, tandis que dans l'expression $e\frac{d\Omega}{d\varepsilon}$ les termes sont au moins du premier ordre : on peut donc négliger la seconde partie de $\frac{de}{dt}$. Il en est de même pour $\frac{d\varpi}{dt}$ : car l'expression $\frac{1}{e}\frac{d\Omega}{de}$ contient des termes d'ordre $-1$ qui acquerront de petits diviseurs, tandis que dans $\tan\dfrac{\varphi}{2}\dfrac{d\Omega}{d\varphi}$ tous les termes sont au moins du second ordre. Il est permis en outre de réduire à l'unité le radical $\sqrt{1-e^2}$, et il nous restera les deux formules simples

$$\frac{de}{dt}=-\frac{1}{na^2}\frac{1}{e}\frac{d\Omega}{d\varpi},\qquad \frac{d\varpi}{dt}=\frac{1}{na^2}\frac{1}{e}\frac{d\Omega}{de}.$$

En même temps la fonction $\Omega$ pourra se réduire aux termes du premier ordre dont le coefficient est considérable ou dans lesquels l'intégration introduira un petit diviseur : on prendra donc

$$R_{(0,1)}=A e\cos(2l'-l-\varpi),\qquad R_{(0,2)}=R_{(0,3)}=R_{(0,4)}=0,\qquad V=\frac{K}{a^3}e\cos(l-\varpi);$$

ce qui donnera, pour le premier satellite, les inégalités

$$\delta e=\frac{m'}{\mu}\frac{n}{2n'-n-\alpha}a A\cos(2l'-l-\varpi)+\frac{K}{a^2\mu}\frac{n}{n-\alpha}\cos(l-\varpi),$$

$$e\,\delta\varpi=\frac{m'}{\mu}\frac{n}{2n'-n-\alpha}a A\sin(2l'-l-\varpi)+\frac{K}{a^2\mu}\frac{n}{n-\alpha}\sin(l-\varpi).$$

**12.** *Remarque.* — Si l'on pose

$$e\sin\varpi=h,\qquad e\cos\varpi=k,$$

on aura

$$\frac{dh}{dt}=e\cos\varpi\frac{d\varpi}{dt}+\sin\varpi\frac{de}{dt},\qquad \frac{dk}{dt}=-e\sin\varpi\frac{d\varpi}{dt}+\cos\varpi\frac{de}{dt};$$

et comme l'on a

$$\frac{de}{dt}=-\frac{m'an}{\mu}A\sin(2l'-l-\varpi)-\frac{Kn}{a^2\mu}\sin(l-\varpi),$$

$$e\frac{d\varpi}{dt}=\frac{m'an}{\mu}A\cos(2l'-l-\varpi)+\frac{Kn}{a^2\mu}\cos(l-\varpi),$$

il viendra

$$\frac{dh}{dt}=\frac{m'an}{\mu}A\cos(2l'-l)+\frac{Kn}{a^2\mu}\cos l,\qquad \frac{dk}{dt}=-\frac{m'an}{\mu}A\sin(2l'-l)-\frac{Kn}{a^2\mu}\sin l.$$

On voit que les seconds membres ne contiennent plus aucune trace de la quantité $\varpi$ (cette circonstance tient au coefficient 1 de la lettre $\varpi$ dans les arguments des termes conservés, ceux-ci étant exclusivement du premier degré par rapport aux excentricités); et, par suite, on aura, sans faire aucune hypothèse sur cet élément,

$$\delta h=\frac{m'a}{\mu}\frac{n}{2n'-n}A\sin(2l'-l)+\frac{K}{a^3\mu}\sin l,\qquad \delta k=\frac{m'a}{\mu}\frac{n}{2n'-n}A\cos(2l'-l)+\frac{K}{a^2\mu}\cos l.$$

$$( \ 20 \ )$$

Mais on a

$$\eth e = \sin\varpi\,\eth h + \cos\varpi\,\eth k, \quad e\eth\varpi = \cos\varpi\,\eth h - \sin\varpi\,\eth k,$$

et, par suite, il viendra pour $\eth e$ et $e\eth\varpi$ les valeurs

$$\eth e = \frac{m'}{\mu}\,\frac{n}{2\,n'-n}\,a\mathrm{A}\cos(2\,l'-l-\varpi) + \frac{\mathrm{K}}{a^2\mu}\cos(l-\varpi),$$

$$e\eth\varpi = \frac{m'}{\mu}\,\frac{n}{2\,n'-n}\,a\mathrm{A}\sin(2\,l'-l-\varpi) + \frac{\mathrm{K}}{a^2\mu}\sin(l-\varpi),$$

dans lesquelles n'entre pas la correction $\alpha$. Ces nouvelles formules seront plus exactes que les précédentes, et on voit même qu'elles n'auront à subir aucune modification tant qu'on ne voudra pas tenir compte, dans les seconds membres, des variations des éléments $a$, $n$, $\varepsilon$. Cette remarque est importante à cause du rôle que vont jouer, dans ce qui suit, les inégalités de $e$ et de $\varpi$ : elle s'applique d'ailleurs à chacun des satellites.

13. Pour le second satellite, on prendra de même

$$\mathrm{R}_{(1,0)} = \left(\mathrm{B} - \frac{a'}{2\,a^2}\right) e'\cos(2\,l'-l-\varpi'), \quad \mathrm{R}_{(1,2)} = \mathrm{A}'e'\cos(2\,l''-l'-\varpi'),$$

$$\mathrm{R}_{(1,3)} = 0, \quad \mathrm{R}_{(1,4)} = 0, \quad \mathrm{V}' = \frac{\mathrm{K}}{a'^2}e'\cos(l'-\varpi'),$$

ce qui donnera les inégalités

$$\eth e' = \frac{m}{\mu'}\,\frac{n'}{2\,n'-n}\left(a'\mathrm{B} - \frac{a'^2}{2\,a^2}\right)\cos(2\,l'-l-\varpi')$$

$$+ \frac{m''}{\mu'}\,\frac{n'}{2\,n''-n'}\,a'\mathrm{A}'\cos(2\,l''-l'-\varpi') + \frac{\mathrm{K}}{a'^2\mu'}\cos(l'-\varpi'),$$

$$e'\eth\varpi' = \frac{m}{\mu'}\,\frac{n'}{2\,n'-n}\left(a'\mathrm{B} - \frac{a'^2}{2\,a^2}\right)\sin(2\,l'-l-\varpi')$$

$$+ \frac{m''}{\mu'}\,\frac{n'}{2\,n''-n'}\,a'\mathrm{A}'\sin(2\,l''-l'-\varpi') + \frac{\mathrm{K}}{a'^2\mu'}\sin(l'-\varpi').$$

Pour le troisième, on prendra

$$\mathrm{R}_{(2,0)} = \mathrm{R}_{(2,3)} = \mathrm{R}_{(2,4)} = 0,$$

$$\mathrm{R}_{(2,1)} = \left(\mathrm{B} - \frac{a''}{2\,a'^2}\right) e''\cos(2\,l''-l'-\varpi''), \quad \mathrm{V}'' = \frac{\mathrm{K}}{a''^2}e''\cos(l''-\varpi''),$$

d'où

$$\eth e'' = \frac{m'}{\mu''}\,\frac{n''}{2\,n''-n'}\left(a''\mathrm{B}' - \frac{a''^2}{2\,a'^2}\right)\cos(2\,l''-l'-\varpi'') + \frac{\mathrm{K}}{a''^2\mu''}\cos(l''-\varpi''),$$

$$e''\eth\varpi'' = \frac{m'}{\mu''}\,\frac{n''}{2\,n''-n'}\left(a''\mathrm{B}' - \frac{a''^2}{2\,a'^2}\right)\sin(2\,l''-l'-\varpi'') + \frac{\mathrm{K}}{a''^2\mu''}\sin(l''-\varpi'').$$

Enfin, pour le quatrième, la fonction perturbatrice se réduira à $V'''$, d'où résulteront les inégalités

$$\delta e''' = \frac{K}{a'''^2 \mu'''}\cos(l''' - \varpi'''), \quad e'''\delta\varpi''' = \frac{K}{a'''^2 \mu'''}\sin(l''' - \varpi''').$$

14. Les formules qui précèdent donnent seulement les termes principaux des inégalités de l'excentricité et de la longitude du périjove ; après ceux-là, il y en a encore beaucoup d'autres qui, bien que moins importants, auront des valeurs assez considérables, si on les compare aux inégalités des autres éléments, et que, pour cette raison, nous ne devons pas négliger : ils sont, comme les précédents, d'ordre zéro par rapport aux excentricités, mais ne présentent pas de faibles diviseurs.

Si, dans la fonction $R_{(0,1)}$, nous prenons les termes

$$-\frac{e}{2}\left[2i\,A^{(i)} + A_1^{(i)}\right]\cos\left[il' - (i-1)l - \varpi\right] + \frac{3}{2}\frac{a}{a'^2}e\cos(l' - \varpi) - \frac{1}{2}\frac{a}{a'^2}e\cos(l' - 2l + \varpi)$$

(dont le premier comprend le terme $A\,e\cos(2l' - l - \varpi)$ employé plus haut), il viendra, pour le premier satellite, les inégalités nouvelles

$$\delta e = -\frac{m'}{\mu}\frac{n}{in' - (i-1)n}\frac{1}{2}\left[2i\,a\,A^{(i)} + a\,A_1^{(i)}\right]\cos\left[il' - (i-1)l - \varpi\right]$$
$$+ \frac{m'}{\mu}\frac{n}{n'}\frac{3}{2}\frac{a^2}{a'^2}\cos(l' - \varpi) - \frac{m'}{\mu}\frac{n}{n' - 2n}\frac{1}{2}\frac{a^2}{a'^2}\cos(l' - 2l + \varpi),$$
$$e\delta\varpi = \ldots \text{ ( il n'y a qu'à changer le cosinus en sinus).}$$

Les fonctions $R_{(0,2)}$ et $R_{(0,3)}$ donneront aussi des termes pareils, qu'on obtiendra en remplaçant les éléments du second satellite par ceux du troisième ou du quatrième.

De même enfin les termes de $R_{(0,s)}$ qui contiennent la première puissance de $e$ donneront les inégalités

$$\delta e = \frac{\mathfrak{M}}{\mu}\frac{a^3}{\mathfrak{a}_0^3}\left[-\frac{1}{2}\cos(l - \varpi) - \frac{9}{4}\frac{n}{2\mathfrak{N} - n}\cos(2\mathfrak{L} - l - \varpi) + \frac{3}{4}\frac{n}{2\mathfrak{N} - 3n}\cos(2\mathfrak{L} - 3l + \varpi)\right],$$
$$e\delta\varpi = \ldots\ldots\ldots\ldots\ldots\ldots\ldots\ldots\ldots\ldots\ldots\ldots\ldots\ldots\ldots\ldots$$

On aura des formules analogues pour chacun des trois autres satellites.

### IV. *Inégalités des rayons vecteurs et des longitudes.*

15. Les formules du mouvement elliptique donnent pour le rayon vecteur l'expression

$$r = a\left[1 - e\cos(l - \varpi) + \frac{1}{2}e^2 - \frac{1}{2}e^2\cos(2l - 2\varpi) + \ldots\right],$$

et par suite les inégalités de cette coordonnée se déduiront de celles des éléments par la formule

$$\delta r = \delta a - a\left[\delta e\cos(l-\varpi)+e\delta\varpi\sin(l-\varpi)\right]+ae\left[\delta l\sin(l-\varpi)-\frac{\delta a}{a}\cos(l-\varpi)\right]$$
$$+ae\delta e-ae\left[\delta e\cos(2l-2\varpi)+e\delta\varpi\sin(2l-2\varpi)\right]+\text{etc.}$$

Or, d'après les valeurs données plus haut, $\delta a$ contient des termes d'ordre zéro avec des termes du premier ordre que leur coefficient rend comparables aux précédents; $\delta e$ et $e\delta\varpi$ contiennent des termes d'ordre zéro, et si l'on se borne à ceux des $n^{os}$ 12 et 13, ils sont beaucoup plus considérables que les termes de $\delta a$; $e\delta l$ et $e\delta a$ ne contiennent que des termes du premier ordre au moins, et ceux-ci n'ont pas de petits diviseurs; enfin, $e\delta e$ et $e^2\delta\varpi$ ne contiennent que des termes du premier ordre au moins, mais pouvant présenter de petits diviseurs ou le coefficient K. La partie principale des inégalités du rayon vecteur s'obtiendra donc par la formule

$$\delta\dot r = -a\left[\delta e\cos(l-\varpi)+e\delta\varpi\sin(l-\varpi)\right],$$

dans laquelle on mettra pour $\delta e$ et $e\delta\varpi$ les valeurs des $n^{os}$ 12 et 13.

Les termes les plus importants après ceux-là s'obtiendront en mettant dans la même formule les valeurs du $n^o$ 14, et en substituant en outre les inégalités des $n^{os}$ 8, 9, 12 et 13 dans la formule suivante :

$$\delta_1 r = \delta a + ae\delta e - ae\left[\delta e\cos(2l-2\varpi)+e\delta\varpi\sin(2l-2\varpi)\right].$$

On obtiendra ainsi, pour les inégalités principales des rayons vecteurs, les expressions suivantes :

$$1^{er}\text{ satellite}\ldots\quad \delta r = -\frac{m'a}{\mu}\frac{n}{2n'-n}a\mathrm{A}\cos(2l'-2l)-\frac{\mathrm{K}}{a\mu};$$

$$2^e\text{ satellite}\ldots\left\{\begin{array}{l}\delta r' = -\dfrac{ma'}{\mu'}\dfrac{n'}{2n'-n}\left(a'\mathrm{B}-\dfrac{a'^2}{2a^2}\right)\cos(l'-l)\\[2ex]\quad-\dfrac{m''a'}{\mu'}\dfrac{n'}{2n''-n'}a'\mathrm{A}'\cos(2l''-2l')-\dfrac{\mathrm{K}}{a'\mu'};\end{array}\right.$$

$$3^e\text{ satellite}\ldots\quad \delta r'' = -\frac{m'a''}{\mu''}\frac{n''}{2n''-n'}\left(a''\mathrm{B}'-\frac{a''^2}{2a'^2}\right)\cos(l''-l')-\frac{\mathrm{K}}{a''\mu''};$$

$$4^e\text{ satellite}\ldots\quad \delta r''' = -\frac{\mathrm{K}}{a'''\mu'''}.$$

Le dernier terme de ces formules montre que l'aplatissement de Jupiter a pour effet de raccourcir tous les rayons vecteurs des satellites d'une longueur constante pour chacun d'eux et inversement proportionnelle à sa distance moyenne.

Au reste, ce n'est pas la fonction V seulement qui amènera dans $\delta r$ une partie constante : outre celle que contient $\delta a$, il en proviendra de chacune des autres fonctions perturbatrices $R_{(0,1)}$, $R_{(0,2)}$, $R_{(0,3)}$ et $R_{(0,5)}$, et pour les obtenir il suffira de prendre dans les formules du n° 14 les termes d'argument $l - \varpi$.

16. La longitude jovicentrique ne se distingue pas de la longitude vraie, tant qu'on ne conserve pas les termes qui dépendent des carrés des inclinaisons, et par suite elle sera donnée par la formule (*)

$$v = l + 2e \sin(l - \varpi) + \frac{5}{4} e^2 \sin(2l - 2\varpi) + \ldots,$$

d'où l'on déduit

$$\delta v = \delta l + 2[\delta e \sin(l - \varpi) - e\delta\varpi \cos(l - \varpi)] + 2e\delta l \cos(l - \varpi)$$
$$+ \frac{5}{2} e[\delta e \sin(2l - 2\varpi) - e\delta\varpi \cos(2l - 2\varpi)] + \frac{5}{2} e^2\delta l \cos(2l - 2\varpi) + \ldots.$$

Or, il entre dans $\delta l$ des termes d'ordre zéro avec des termes du premier ordre ayant la même importance; dans $\delta e$ et $e\delta\varpi$, des termes d'ordre zéro, dont les principaux contiennent un petit diviseur ou le coefficient K; dans $e\delta l$, des termes du premier ordre au moins, et ceux-ci n'ont pas de petit diviseur; dans $e\delta e$ et $e^2\delta\varpi$, des termes du premier ordre comparables à ceux de $\delta l$; enfin, dans $e^2\delta l$, des termes du second ordre au moins.

En conséquence, les inégalités principales de la longitude s'obtiendront par la formule

$$\delta v = 2[\delta e \sin(l - \varpi) - e\delta\varpi \cos(l - \varpi)],$$

dans laquelle on mettra pour $\delta e$ et $e\delta\varpi$ les valeurs des n°s 12 et 13; les plus importantes après celles-là s'obtiendront en substituant dans la même formule les valeurs du n° 14, et en mettant en outre celles des n°s 10, 12, 13 dans la formule

$$\delta_1 v = \delta l + \frac{5}{2} e[\delta e \sin(2l - 2\varpi) - e\delta\varpi \cos(2l - 2\varpi)].$$

D'après cela, on aura pour les inégalités principales des longitudes les expressions suivantes :

$1^{er}$ *satellite.* $\quad \delta v = -\dfrac{2m'}{\mu} \dfrac{n}{2n' - n} a\mathrm{A} \sin(2l' - 2l);$

$2^e$ *satellite.* $\quad \delta v' = -\dfrac{2m}{\mu'} \dfrac{n'}{2n' - n}\left(a'\mathrm{B} - \dfrac{a'^1}{2a^1}\right) \sin(l' - l) - \dfrac{2m''}{\mu'} \dfrac{n'}{2n'' - n'} a'\mathrm{A}' \sin(2l'' - 2l');$

---

(*) Le premier terme $-\frac{1}{4}\varphi^2 \sin(2l - 2\theta)$ de la *réduction à l'écliptique* donnerait dans $\delta v$ les termes $-\frac{1}{2}\varphi[\delta\varphi \sin(2l - 2\theta) - \varphi\delta\theta \cos(2l - 2\theta) + \varphi\delta l \cos(2l - 2\theta)]$ qui seraient au moins du second ordre.

$3^e$ *satellite.* $\quad \delta v'' = -\dfrac{2\,m'}{\mu''}\,\dfrac{n''}{2\,n''-n'}\left(a''\mathbf{B}' - \dfrac{a''^2}{2\,a'^2}\right)\sin(l''-l')$;

$4^e$ *satellite.* $\quad \delta v''' = 0.$

*Remarque I.* — Les formules que nous venons d'obtenir pour les inégalités principales des rayons vecteurs et des longitudes sont presque identiques à celles que donne Laplace (*Mécanique céleste*, liv. VIII, n° 4); l'identité serait plus complète si nous avions fait usage des valeurs trouvées au n° **11** pour $\delta e$ et $e\delta\varpi$, mais nous aurions ainsi moins d'exactitude. Les expressions qui précèdent n'auront à subir aucune modification ultérieure, et les corrections qu'amèneront des valeurs plus exactes de $e$ et de $\varpi$ porteront exclusivement sur les parties $\delta a$ et $\delta l$.

Nos formules diffèrent de celles de Laplace surtout dans les dénominateurs, mais cette différence est très-importante; car, si l'on fait usage des nombres de la *Mécanique céleste*, cela revient à augmenter respectivement de $\frac{1}{5}$, de $\frac{1}{20}$ et de $\frac{1}{100}$ de leur valeur les coefficients qu'on y trouve pour $\delta r$ et $\delta v$, pour $\delta r'$ et $\delta v'$, pour $\delta r''$ et $\delta v''$. (*Voir* la Note relative aux valeurs numériques, p. 87.)

*Remarque II.* — L'observation a fait reconnaître qu'il existe toujours entre les longitudes moyennes des trois premiers satellites la relation $l - 3l' + 2l'' = 0$, et que leurs moyens mouvements sont liés aussi par la relation $n - 3n' + 2n'' = 0$. On en déduit

$$2\,l'' - 2\,l' = 180^\circ + l' - l \quad \text{et} \quad 2\,n'' - n' = 2\,n' - n;$$

il en résulte que les deux principales inégalités périodiques qui affectent le rayon vecteur et la longitude du second satellite peuvent chacune se réunir en un seul terme, savoir :

pour le rayon vecteur.. $\quad \dfrac{a'}{\mu'}\,\dfrac{n'}{2\,n'-n}\left[m''a'\mathbf{A}' - m\left(a'\mathbf{B} - \dfrac{a'^2}{2\,a^2}\right)\right]\cos(l'-l),$

pour la longitude...... $\quad \dfrac{2}{\mu'}\,\dfrac{n'}{2\,n'-n}\left[m''a'\mathbf{A}' - m\left(a'\mathbf{B} - \dfrac{a'^2}{2\,a^2}\right)\right]\sin(l'-l).$

*Remarque III.* — Au moyen des valeurs données plus haut pour $\delta v$, $\delta v'$, $\delta v''$, et de la remarque précédente, on peut reconnaître que la période de ces trois inégalités est la même dans les éclipses des trois premiers satellites.

Ces valeurs sont de la forme

$$\delta v = (\text{I})\sin(2\,l'-2\,l), \quad \delta v' = (\text{II})\sin(l'-l), \quad \delta v'' = (\text{III})\sin(l''-l').$$

Au lieu de rapporter les longitudes à une ligne fixe, nous pouvons les rapporter à un axe mobile, car la position de cet axe disparaît dans les trois arguments $2\,l' - 2\,l$, $l' - l$, $l'' - l'$. Choisissons pour cet axe le rayon vecteur mené de Jupiter au Soleil, et supposons qu'à l'origine du temps les deux premiers satellites aient été simultanément en conjonction, d'où $\varepsilon = 0$, $\varepsilon' = 0$; à cause de la relation, qui a toujours lieu, $nt - 3n't + 2n''t + \varepsilon - 3\varepsilon' + 2\varepsilon'' = 180°$, on devra avoir $\varepsilon'' = 90°$. Les formules pourront s'écrire

$$\delta v = (\mathrm{I})\sin(2n't - 2nt), \quad \delta v' = (\mathrm{II})\sin(n't - nt), \quad \delta v'' = (\mathrm{III})\sin(\varepsilon'' + n''t - n't).$$

Posons
$$n - 2n' = n' - 2n'' = \omega,$$
d'où
$$2n' - 2n = -(n + \omega), \quad n' - n = -(n' + \omega), \quad n'' - n' = -(n'' + \omega);$$

les formules deviendront

$$\delta v = -(\mathrm{I})\sin(nt + \omega t), \quad \delta v' = -(\mathrm{II})\sin(n't + \omega t), \quad \delta v'' = (\mathrm{III})\sin(\varepsilon'' - n''t - \omega t)$$
$$= (\mathrm{III})\sin(\varepsilon'' + n''t + \omega t).$$

Quand le premier satellite est en conjonction, $nt$ est nul ou multiple de 360°, donc alors $\delta v = -(\mathrm{I})\sin\omega t$; quand il est en opposition, $nt$ est un multiple impair de 180°, donc $\delta v = +(\mathrm{I})\sin\omega t$. On voit de même, pour le second et le troisième satellite, que les inégalités principales de leurs longitudes, à l'époque de leurs éclipses, sont exprimées par les formules

$$\delta v' = \mp(\mathrm{II})\sin\omega t, \quad \delta v'' = \pm(\mathrm{III})\sin\omega t.$$

Ainsi ces trois inégalités, quand on les considère seulement dans les éclipses, dépendent du même angle $\omega t$ et ont la même période $\dfrac{2\pi}{\omega}$. Pour évaluer cette période, il faut dans $\omega = n - 2n'$ remplacer $n$ et $n'$ par les moyens mouvements synodiques, ou bien, désignant toujours par $n$, $n'$, $\mathfrak{N}$ les moyens mouvements sidéraux, prendre $\omega = n - \mathfrak{N} - 2(n' - \mathfrak{N}) = n - 2n' + \mathfrak{N}$. En faisant usage des nombres du n° 6, on trouve cette période égale à $437^{\text{jours}},79$, comme l'avaient reconnu Bradley et Wargentin.

*Remarque IV.* — *L'équation annuelle* de la longitude est renfermée dans le terme $\delta l$ de $\delta_1 v$ : pour obtenir celle du rayon vecteur, il faudra prendre dans $\mathrm{R}_{(0,s)}$ les termes d'arguments $\mathcal{L} + l - \Pi - \varpi$ et $\mathcal{L} - l - \Pi + \varpi$, et substituer dans $\delta r$ les valeurs correspondantes de $\delta e$ et $e\delta\varpi$. Il viendra ainsi, en négligeant $\mathfrak{N}$ à côté de $n$,

$$\delta r = \frac{3}{2}\frac{\mathfrak{N}}{\mu}\frac{a^i}{\mathfrak{C}^3}\mathcal{C}\cos(\mathcal{L} - \Pi).$$

A cette même approximation, il n'en résulte aucun terme nouveau pour la longitude.

*Remarque V.* — Pour nous borner aux inégalités du premier ordre par rapport aux masses, nous avons négligé dans les valeurs de $\delta r$ et $\delta v$ les termes de la seconde dimension par rapport aux perturbations des éléments : cependant, à cause de la grandeur numérique des coefficients dans $\delta e$ et $e\delta\varpi$, il y aura lieu de faire une exception pour les termes contenant les carrés et le produit de ces deux quantités. Il sera commode, pour le calcul de ces termes, de remplacer les variables $e$ et $\varpi$ par les variables $h$ et $k$ : les valeurs de $r$ et $v$ deviendront alors

$$r = a\left\{1 - h\sin l - k\cos l + \frac{1}{2}(h^2 + k^2) - \frac{1}{2}[(k^2 - h^2)\cos 2l + 2hk\sin 2l] + \ldots\right\},$$

$$v = l + 2(k\sin l - h\cos l) + \frac{5}{4}[k^2 - h^2)\sin 2l - 2hk\cos 2l] + \ldots$$

Les termes que nous voulons conserver actuellement seront donnés par les formules

$$\Delta r = \frac{a}{2}(\delta h^2 + \delta k^2) - \frac{a}{2}[(\delta k^2 - \delta h^2)\cos 2l + 2\delta h\delta k\sin 2l],$$

$$\Delta v = \frac{5}{4}[(\delta k^2 - \delta h^2)\sin 2l - 2\delta h\delta k\cos 2l].$$

Pour le *premier satellite*, les perturbations principales des éléments $h$ et $k$ sont

$$\delta h = -\frac{1}{2}(I)\sin(2l' - l) + \frac{K}{a^2\mu}\sin l, \quad \delta k = -\frac{1}{2}(I)\cos(2l' - l) + \frac{K}{a^2\mu}\cos l,$$

ce qui donnera

$$\Delta r = \frac{a}{8}(I)^2 - \frac{a}{8}(I)^2\cos(4l' - 4l),$$

$$\Delta v = -\frac{5}{16}(I)^2\sin(4l' - 4l) + \frac{5}{4}(I)\frac{K}{a^2\mu}\sin(2l' - 2l).$$

Les mêmes formules appliquées à chacun des autres satellites donneront, en faisant usage des valeurs du n° 13 :

2ᵉ satellite....
$$\begin{cases} \Delta r' = \dfrac{a'}{8}(II)^2 - \dfrac{a'}{8}(II)^2\cos(2l' - 2l), \\[2mm] \Delta v' = -\dfrac{5}{16}(II)^2\sin(2l' - 2l) + \dfrac{5}{4}(II)\dfrac{K}{a'^2\mu'}\sin(l' - l). \end{cases}$$

3ᵉ satellite....
$$\begin{cases} \Delta r'' = \dfrac{a''}{8}(III)^2 - \dfrac{a''}{8}(III)^2\cos(2l'' - 2l'), \\[2mm] \Delta v'' = -\dfrac{5}{16}(III)^2\sin(2l'' - 2l') + \dfrac{5}{4}(III)\dfrac{K}{a''^2\mu''}\sin(l'' - l'). \end{cases}$$

4ᵉ satellite....   $\Delta r''' = 0, \quad \Delta v''' = 0.$

Les termes qui précèdent dépendant du carré de la force perturbatrice, il importe d'observer qu'on n'en obtiendrait pas de semblables si l'on calculait les perturbations du second ordre des coordonnées, au moyen des perturbations du même ordre des éléments. On obtiendrait des termes tout à fait pareils si, pour passer au second ordre par rapport aux masses, on devait introduire dans les valeurs de $\frac{dh}{dt}$, $\frac{dk}{dt}$ les inégalités $\delta h$, $\delta k$ : mais cela n'aura pas lieu ici, $h$ et $k$ n'entrant pas dans les seconds membres.

On trouve une partie des inégalités ci-dessus dans la *Mécanique céleste* (liv. VIII, n° 18).

## V. *Inégalités des inclinaisons et des longitudes des nœuds.*

17. Les formules générales sont

$$\frac{d\varphi}{dt} = -\frac{1}{na^2\sqrt{1-e^2}}\frac{1}{\sin\varphi}\frac{d\Omega}{d\theta} - \frac{\tang\frac{\varphi}{2}}{na^2\sqrt{1-e^2}}\left(\frac{d\Omega}{d\varepsilon} + \frac{d\Omega}{d\varpi}\right), \quad \frac{d\theta}{dt} = \frac{1}{na^2\sqrt{1-e^2}}\frac{1}{\sin\varphi}\frac{d\Omega}{d\varphi};$$

mais elles peuvent être simplifiées. En effet, l'expression $\frac{1}{\sin\varphi}\frac{d\Omega}{d\theta}$ donnera des termes du premier ordre au moins, et parmi ceux-ci il en est qui acquerront de petits diviseurs ou dont le coefficient est déjà considérable, et qu'on peut prendre par conséquent à l'exclusion des autres; l'expression $\tang\frac{\varphi}{2}\frac{d\Omega}{d\varepsilon}$ donnera aussi des termes du premier ordre au moins, mais sans petit diviseur; enfin l'expression $\tang\frac{\varphi}{2}\frac{d\Omega}{d\varpi}$ ne contient que des termes du second ordre au moins. On peut donc réduire $\frac{d\varphi}{dt}$ à sa première partie, et il viendra, en remplaçant $\sqrt{1-e^2}$ par $1$ et $\sin\varphi$ par $\varphi$, les deux formules simples

$$\frac{d\varphi}{dt} = -\frac{1}{na^2}\frac{1}{\varphi}\frac{d\Omega}{d\theta}, \quad \frac{d\theta}{dt} = \frac{1}{na^2}\frac{1}{\varphi}\frac{d\Omega}{d\varphi}.$$

Par les mêmes motifs, la fonction $\Omega$ se réduira aux termes du second ordre par rapport aux inclinaisons, ayant un grand coefficient ou susceptibles d'acquérir un petit diviseur.

On prendra donc

$$R_{(0,1)} = \frac{1}{8}B^{(3)}\left[\varphi^2\cos(4l'-2l-2\theta) - 2\varphi\varphi'\cos(4l'-2l-\theta'-\theta)\right],$$

$$R_{(0,2)} = 0, \quad R_{(0,3)} = 0, \quad R_{(0,4)} = \frac{3}{8}\frac{a^2}{A_0^3}\left[\varphi^2\cos(2\mathcal{L}-2\theta) - 2\varphi\Phi\cos(2\mathcal{L}-\Theta-\theta)\right],$$

$$V = \frac{1}{2}\frac{K}{a^3}\left[\varphi^2\cos(2l-2\theta) + 2\varphi\omega\cos(2l+\psi-\theta)\right].$$

Il viendra ainsi pour les inégalités périodiques de l'inclinaison et du nœud, relativement au premier satellite,

$$\delta\varphi = \frac{m'}{\mu}\,\frac{1}{8}\,a\,\mathrm{B}^{(3)}\left[\frac{n}{2\,n'-n-\beta}\,\varphi\cos(4\,l'-2\,l-2\,\theta)\right.$$

$$\left.-\frac{2\,n}{4\,n'-2\,n-\beta-\beta'}\,\varphi'\cos(4\,l'-2\,l-\theta'-\theta)\right]$$

$$+\frac{3}{8}\,\frac{\mathfrak{M}}{\mu}\,\frac{a^3}{\mathcal{A}^3}\left[\frac{n}{\mathfrak{M}-\beta}\,\varphi\cos(2\,\mathcal{L}-2\,\theta)-\frac{2\,n}{2\,\mathfrak{M}-\beta}\,\Phi\cos(2\,\mathcal{L}-\Theta-\theta)\right]$$

$$+\frac{1}{2}\,\frac{\mathrm{K}}{a^2\mu}\left[\frac{n}{n-\beta}\,\varphi\cos(2\,l-2\,\theta)+\frac{2\,n}{2\,n-\beta}\,\omega\cos(2\,l+\psi-\theta)\right];$$

$\varphi\delta\theta = \ldots$ (il n'y a qu'à changer les cosinus en sinus dans la valeur de $\delta\varphi$).

Pour le second satellite, on aura de même à prendre :

$$\mathrm{R}_{(1,0)} = \frac{1}{8}\,\mathrm{B}^{(3)}\left[\varphi'^2\cos(4\,l'-2\,l-2\,\theta')-2\,\varphi\varphi'\cos(4\,l'-2\,l-\theta'-\theta)\right],$$

$$\mathrm{R}_{(1,2)} = \frac{1}{8}\,\mathrm{B}'^{(3)}\left[\varphi'^2\cos(4\,l''-2\,l'-2\,\theta')-2\,\varphi'\varphi''\cos(4\,l''-2\,l'-\theta''-\theta')\right],$$

$$\mathrm{R}_{(1,3)} = 0;$$

quant aux fonctions $\mathrm{R}_{(1,s)}$ et $\mathrm{V}'$, elles ne diffèrent de $\mathrm{R}_{(0,s)}$ et $\mathrm{V}$ que par la substitution des éléments du second satellite à ceux du premier.

On obtiendra ainsi :

$$\delta\varphi' = \frac{m}{\mu'}\,\frac{1}{8}\,a'\,\mathrm{B}^{(3)}\left[\frac{n'}{2\,n'-n-\beta'}\,\varphi'\cos(4\,l'-2\,l-2\,\theta')\right.$$

$$\left.-\frac{2\,n'}{4\,n'-2\,n-\beta'-\beta}\,\varphi\cos(4\,l'-2\,l-\theta'-\theta)\right]$$

$$+\frac{m''}{\mu'}\,\frac{1}{8}\,a'\,\mathrm{B}'^{(3)}\left[\frac{n'}{2\,n''-n'-\beta'}\,\varphi'\cos(4\,l''-2\,l'-2\,\theta')\right.$$

$$\left.-\frac{2\,n'}{4\,n''-2\,n'-\beta''-\beta'}\,\varphi''\cos(4\,l''-2\,l'-\theta''-\theta')\right]$$

$+$ deux lignes en $\mathfrak{M}$ et $\mathrm{K}$ comme dans $\delta\varphi$.

$\varphi'\delta\theta'$ se déduit de $\delta\varphi'$ en changeant les cosinus en sinus.

Pour le troisième satellite, on devra prendre

$$\mathrm{R}_{(2,0)} = 0,\quad \mathrm{R}_{(2,1)} = 0,$$

$$\mathrm{R}_{(2,1)} = \frac{1}{8}\,\mathrm{B}'^{(3)}\left[\varphi''^2\cos(4\,l''-2\,l'-2\,\theta'')-2\,\varphi'\varphi''\cos(4\,l''-2\,l'-\theta''-\theta')\right],$$

et pour $R_{(2,s)}$ et $V''$ des valeurs analogues à $R_{(0,s)}$ et $V$; cela donnera les inégalités

$$\delta\varphi'' = \frac{m'}{\mu''} \frac{1}{8} a'' B'^{(3)} \left[ \frac{n''}{2n'' - n' - \beta''} \varphi'' \cos(4l'' - 2l' - 2\theta'') \right.$$

$$\left. - \frac{2n''}{4n'' - 2n' - \beta'' - \beta'} \varphi' \cos(4l'' - 2l' - \theta'' - \theta') \right]$$

$+$ deux lignes en $\mathfrak{M}$ et $K$.

$\varphi''\partial\theta''$ se déduit de $\partial\varphi''$ en remplaçant les cosinus par des sinus.

Enfin, pour le quatrième satellite, les inégalités $\partial\varphi'''$ et $\varphi'''\partial\theta'''$ se réduisent aux termes en $\mathfrak{M}$ et en $K$, du moins quand on se borne aux principales.

Dans les formules qui précèdent, les nombres $\beta$, $\beta'$,..., sont ceux qui ont été définis au n° 6 : le nombre analogue qui se rapporterait au Soleil, c'est-à-dire la variation séculaire du nœud de l'orbite de Jupiter, est négligeable à côté de $\beta$, $\beta'$,..., et en conséquence nous ne l'avons pas fait figurer, non plus que la variation séculaire du nœud de son équateur.

## VI. *Inégalités des latitudes.*

18. La latitude est donnée, dans le mouvement elliptique, par la formule $\sin\lambda = \sin\varphi \sin(v - \theta)$, qui se réduit, en négligeant le carré de l'inclinaison, à $\lambda = \varphi \sin(v - \theta)$. On en déduit

$$\delta\lambda = \delta\varphi \sin(v - \theta) - \varphi\delta\theta \cos(v - \theta) + \varphi\delta v \cos(v - \theta).$$

Il est permis de confondre $\sin(v - \theta)$ et $\cos(v - \theta)$ avec $\sin(l - \theta)$ et $\cos(l - \theta)$, qui n'en diffèrent que par des termes de l'ordre des excentricités : on ne néglige ainsi dans $\delta\lambda$ que des termes de la seconde dimension par rapport aux excentricités et aux inclinaisons. Il viendra alors

$$\delta\lambda = \delta\varphi \sin(l - \theta) - \varphi\delta\theta \cos(l - \theta) + \varphi\delta v \cos(l - \theta),$$

et on peut reconnaitre que les trois parties dont se compose cette valeur renferment des termes du même ordre de grandeur. En se bornant aux valeurs principales de $\partial\varphi$, $\partial\theta$ et $\partial v$, on trouve pour le premier satellite :

$$\delta\lambda = - \frac{m'}{\mu} \frac{1}{8} a B^{(3)} \left[ \frac{n}{2n' - n - \beta} \varphi \sin(4l' - 3l - \theta) \right.$$

$$\left. - \frac{2n}{4n' - 2n - \beta' - \beta} \varphi' \sin(4l' - 3l - \theta') \right]$$

$$- \frac{3}{8} \frac{\mathfrak{M}}{\mu} \frac{a^3}{\mathcal{A}^3} \left[ \frac{n}{\mathfrak{N} - \beta} \varphi \sin(2\mathcal{L} - l - \theta) - \frac{2n}{2\mathfrak{N} - \beta} \sin(2\mathcal{L} - l - \Theta) \right]$$

$$- \frac{1}{2} \frac{K}{a^2 \mu} \left[ \frac{n}{n - \beta} \varphi \sin(l - \theta) + \frac{2n}{2n - \beta} \omega \cos(l + \psi) \right]$$

$$- \frac{m'}{\mu} \frac{n}{2n' - n} a A \varphi \left[ \sin(2l' - l - \theta) + \sin(2l' - 3l + \theta) \right].$$

On aura de même pour le second :

$$\delta\lambda' = - \frac{m}{\mu'} \frac{1}{8} a' B^{(3)} \left[ \frac{n'}{2n' - n - \beta'} \varphi' \sin(3l' - 2l - \theta') \right.$$

$$\left. - \frac{2n'}{4n' - 2n - \beta' - \beta} \varphi \sin(3l' - 2l - \theta) \right]$$

$$- \frac{m''}{\mu'} \frac{1}{8} a' B'^{(3)} \left[ \frac{n'}{2n'' - n' - \beta'} \varphi' \sin(4l'' - 3l' - \theta') \right.$$

$$\left. - \frac{2n'}{4n'' - 2n' - \beta'' - \beta'} \varphi'' \sin(4l'' - 3l' - \theta'') \right]$$

$$+ \text{ deux lignes en } \mathfrak{M} \text{ et } K$$

$$+ \frac{1}{\mu'} \frac{n'}{2n' - n} \left[ m'' a' A' - m \left( a' B - \frac{a'^2}{2a^2} \right) \right] \varphi' \left[ \sin(2l' - l - \theta') - \sin(l - \theta') \right].$$

On remarquera ici, comme pour les longitudes et les rayons vecteurs, que les inégalités contenues dans les deux premières parties de $\delta\lambda'$ ne dépendent en réalité que du même argument : on a en effet $4l'' - 3l' = 3l' - 2l + 360^\circ$.

Pour le troisième satellite on aura :

$$\delta\lambda'' = - \frac{m'}{\mu''} \frac{1}{8} a'' B'^{(3)} \left[ \frac{n''}{2n'' - n' - \beta''} \varphi'' \sin(3l'' - 2l' - \theta'') \right.$$

$$\left. - \frac{2n''}{4n'' - 2n' - \beta'' - \beta'} \varphi' \sin(3l'' - 2l' - \theta') \right]$$

$$+ \text{ deux lignes en } \mathfrak{M} \text{ et } K$$

$$- \frac{m'}{\mu''} \frac{n''}{2n'' - n'} \left( a'' B' - \frac{a''^2}{2a'^2} \right) \varphi'' \left[ \sin(2l'' - l' - \theta'') - \sin(l' - \theta'') \right].$$

Enfin, pour le quatrième satellite, $\delta\lambda'''$ se réduit aux termes en $\mathfrak{M}$ et $K$.

Les formules qui précèdent constituent pour le calcul des latitudes une première approximation, analogue à celle qu'on a obtenue pour les rayons vecteurs et les longitudes, mais elles sont moins exactes que celles des $n^{os}$ 15 et 16; en effet, tous leurs termes (excepté ceux de la dernière ligne dans chaque formule) devront être rectifiés quand on aura obtenu des valeurs plus approchées de $\varphi$ et $\theta$, et c'est ce que nous ferons au chapitre VI. Sous leur forme actuelle, ces inégalités ont l'avantage de ne présenter qu'un petit nombre de termes.

Laplace n'obtient pas cette première approximation, et il donne immédiatement (liv. VIII, n° 11) les formules analogues à celles que nous trouverons plus loin.

# CHAPITRE III.

### RELATIONS ENTRE LES LONGITUDES MOYENNES ET LES MOYENS MOUVEMENTS DES TROIS PREMIERS SATELLITES. — LIBRATION.

19. L'observation établit avec une précision très-remarquable les deux théorèmes suivants : 1° le moyen mouvement du premier satellite, plus deux fois celui du troisième, est égal à trois fois celui du second ; 2° la longitude moyenne du premier, moins trois fois celle du second, plus deux fois celle du troisième, est égale à 180 degrés.

Laplace a trouvé dans les actions mutuelles des satellites la raison de ces deux théorèmes : il en a donné une première démonstration dans les *Mémoires de l'Académie des Sciences pour* 1784, puis une autre un peu différente dans les *Mémoires pour* 1788. Ces deux démonstrations ont été reproduites dans la *Mécanique céleste* (liv. II et liv. VIII) : celle que nous allons développer s'appuie également sur les mêmes considérations.

Dans le mouvement elliptique le moyen mouvement est la quantité $n$, mais dans le mouvement troublé il est représenté par la quantité $n + \dfrac{d\varepsilon}{dt}$ réduite à sa partie constante : désignons-le par $n_0$. Les deux théorèmes à démontrer sont exprimés par les formules

$$n_0 - 3n'_0 + 2n''_0 = 0, \quad n_0 t - 3n'_0 t + 2n''_0 t + \varepsilon - 3\varepsilon' + 2\varepsilon'' = 180°.$$

La différence étant assez faible entre $n$ et $n_0$, la quantité $n - 3n' + 2n''$ sera extrêmement petite, et on conçoit que les inégalités les plus importantes des longitudes moyennes seront celles où entrera le diviseur $(n - 3n' + 2n'')^2$, bien qu'elles soient du second ordre par rapport aux masses. Pour déterminer ces inégalités, on peut, dans la longitude moyenne $l = \rho + \varepsilon$, négliger la partie $\varepsilon$ qui n'amènerait en diviseur que la première puissance de $n - 3n' + 2n''$ : en conséquence on prendra pour le premier satellite la formule $\dfrac{d^2 l}{dt^2} = -\dfrac{3}{a^2}\dfrac{d\Omega}{d\varepsilon}$, et on ne considérera dans le second membre que les termes dépendants de l'angle $L = l - 3l' + 2l''$ ou de ses multiples. La fonction $\Omega$ ne contient aucun terme pareil, mais il en apparaîtra si l'on y remplace les quantités $a, l, e, \ldots, a', l', \ldots$, par $a + \delta a, l + \delta l, e + \delta e, \ldots$, $a' + \delta a', l' + \delta l', \ldots, \delta a, \delta l$, etc., étant les inégalités trouvées au chapitre II ; et pour les obtenir il suffira de combiner convenablement les termes de $\Omega$ avec ceux des inégalités $\delta a, \delta l$, etc.

**20.** On obtiendra dans $\Omega$, et par suite dans $\dfrac{d\Omega}{d\varepsilon}$, des termes en L, en prenant les termes de $\Omega$ qui sont d'ordre zéro par rapport aux excentricités et aux inclinaisons, et dont les arguments sont de la forme $il' - il$ ou $il'' - il$, et y associant des termes d'argument $kl'' - kl'$ ou $kl'' - kl$ ou $kl' - kl$ choisis convenablement dans les valeurs de $\partial a$, $\partial l$, ..., etc.

Considérons d'abord les termes d'ordre zéro dans $R_{(0,1)}$ et prenons

$$R_{(0,1)} = \frac{1}{2} A^{(i)} \cos(il' - il)$$

$\left(\text{en convenant de renfermer } -\dfrac{2\,a}{a'^2} \text{ dans le coefficient } A^{(1)}\right).$

On aura pour cette partie

$$\frac{d^2 l}{dt^2} = -\frac{3\,ifm'}{2}\frac{1}{a^2} A^{(i)} \sin(il' - il).$$

*Premier cas. — L'argument que l'on combine avec $il' - il$ est de la forme $kl'' - kl'$.* On doit avoir $k = \pm 2i$, mais il suffira de prendre $k = +2i$ et de doubler le résultat. Les inégalités du premier satellite ne contiennent aucun angle de la forme $kl'' - kl'$ : nous n'avons donc à considérer que les accroissements $\partial a'$ et $\partial l'$. Désignons par $\Delta \dfrac{d^2 l}{dt^2}$ l'accroissement de l'expression quand on y change $a'$ et $l'$ en $a' + \partial a'$ et $l' + \partial l'$, il viendra, en différentiant par $\partial$,

$$\Delta \frac{d^2 l}{dt^2} = -\frac{3\,ifm'}{2\,a^2} \left[ \frac{dA^{(i)}}{da'} \partial a' \sin(il' - il) + i\partial l' A^{(i)} \cos(il' - il) \right].$$

ou bien, pour n'avoir que des dérivées relatives à $a$,

$$\Delta \frac{d^2 l}{dt^2} = \frac{3\,ifm'}{2\,a^2} \left[ \left( A^{(i)} + A_1^{(i)} \right) \frac{\partial a'}{a'} \sin(il' - il) - i\partial l' A^{(i)} \cos(il' - il) \right].$$

Les valeurs à prendre pour $\partial a'$ et $\partial l'$ sont

$$\frac{\partial a'}{a'} = -\frac{m'' a'}{\mu'}\frac{n'}{n'' - n'} A'^{(2i)} \cos(2il'' - 2il'),$$

$$i\partial l' = \frac{m'' a'}{\mu'}\frac{n'}{n'' - n'} \left( \frac{3}{4}\frac{n'}{n'' - n'} A'^{(2i)} - \frac{1}{2} A_1'^{(2i)} \right) \sin(2il'' - 2il');$$

en les substituant et ne conservant que l'angle $iL$, il vient, après avoir doublé le second membre pour tenir compte de la valeur $k = -2i$,

$$\Delta \frac{d^2 l}{dt^2} = +\frac{3\,ifm'}{2\,a^2}\frac{m'' a'}{\mu'}\frac{n'}{n'' - n'} \left[ \left( A^{(i)} + A_1^{(i)} \right) A'^{(2i)} - \left( \frac{3}{4}\frac{n'}{n'' - n'} A'^{(2i)} - \frac{1}{2} A_1'^{(2i)} \right) A^{(i)} \right] \sin iL,$$

ou bien

$$(1) \quad \left\{ \begin{aligned} \Delta \frac{d^2 l}{dt^2} = {}&- \frac{3i}{2}\, aa'n^2\, \frac{m'm''}{\mu\mu'}\, \frac{n'}{n''-n'} \left[ A^{(i)} \left( \frac{3}{4}\, \frac{n'}{n''-n'}\, A'^{(2i)} - \frac{1}{2}\, A_{,}'^{(2i)} \right) \right. \\ &\left. - \left( A^{(i)} + A_{,}^{(i)} \right) A'^{(2i)} \right] \sin i L. \end{aligned} \right.$$

*Second cas.* — *L'argument que l'on combine avec* $il' - il$ *est* $kl'' - kl$. — On doit avoir $i = 3i'$, $k = \pm 2i'$, et il n'y a à considérer que les inégalités $\partial a$ et $\partial l$. Dans la valeur de $\frac{d^2 l}{dt^2}$ mettons $3i$ au lieu de $i$; il vient

$$\frac{d^2 l}{dt^2} = - \frac{9\, ifm'}{2}\, \frac{1}{a^2}\, A^{(3i)} \sin(3il' - 3il),$$

et en la différentiant par $\partial$,

$$\Delta \frac{d^2 l}{dt^2} = - \frac{9\, ifm'}{2}\, \frac{1}{a^2} \left[ \left( -2 A^{(3i)} + A_{,}^{(3i)} \right) \frac{\partial a}{a} \sin(3il' - 3il) - 3i\, \partial l\, A^{(3i)} \cos(3il' - 3il) \right].$$

Les valeurs à prendre pour $\partial a$ et $\partial l$ sont, en prenant $k = + 2i$,

$$\frac{\partial a}{a} = - \frac{m''a}{\mu}\, \frac{n}{n''-n}\, \dot{A}^{(2i)} \cos(2il'' - 2il),$$

$$i\, \partial l = \frac{m''a}{\mu}\, \frac{n}{n''-n} \left( \frac{3}{4}\, \frac{n}{n'-n}\, \dot{A}^{(2i)} - \frac{1}{2}\, \dot{A}_{,}^{(2i)} \right) \sin(2il'' - 2il),$$

et il viendra ainsi (après avoir doublé)

$$(2) \quad \left\{ \begin{aligned} \Delta \frac{d^2 l}{dt^2} = {}&- \frac{9i}{2}\, a'n^2\, \frac{m'm''}{\mu'^2}\, \frac{n}{n''-n} \left[ \dot{A}^{(2i)} \left( -2 A^{(3i)} + A_{,}^{(3i)} \right) \right. \\ &\left. - 3 A^{(3i)} \left( \frac{3}{4}\, \frac{n}{n''-n}\, \dot{A}^{(2i)} - \frac{1}{2}\, \dot{A}_{,}^{(2i)} \right) \right] \sin i L. \end{aligned} \right.$$

Si l'on considère ensuite les termes d'ordre zéro de $R_{(0,2)}$, on trouvera encore deux formules analogues aux formules (1) et (2), et qui réunies à celle-ci donneront la valeur complète de $\Delta \frac{d^2 l}{dt^2}$, bornée aux termes en L qui peuvent provenir des termes d'ordre zéro de $\Omega$ : car les autres parties de $\Omega$ ne donnent rien.

**21.** On peut obtenir aussi des termes en L en prenant dans $\Omega$ les termes du premier ordre par rapport aux excentricités. Dans la fonction $R_{(0,1)}$, par exemple, les arguments des termes du premier ordre sont de la forme $i(l' - l) \pm l'$ : pour produire l'angle L, il faudra dans $\partial a$, $\partial l$, $\partial e$,..., $\partial a'$, $\partial l'$,..., prendre des arguments de la forme $k(l'' - l') \pm l''$ ou $k(l'' - l) \pm l''$ ; car la somme algébrique des coefficients étant nulle dans l'expression $L = l - 3l' + 2l''$, on ne peut combiner, pour former cet angle, que des arguments dans lesquels la somme algébrique des coefficients soit la même en valeur absolue. Mais les termes qu'on obtiendra ainsi n'auront pas tous la même importance, et pour se borner aux plus considérables, on prendra, parmi les diverses parties de $\delta a$, $\delta l$, ..., $\delta a'$, ..., etc., dont les arguments seraient convenables, celles-là seulement qui présentent de petits diviseurs (*). Or les termes d'argument $k(l'' - l) \pm l''$ ne peuvent avoir de petit diviseur, et parmi les termes d'argument $k(l'' - l') \pm l''$, les seuls qui en présentent sont ceux en $2l'' - l'$. Ces derniers ne se trouvent pas dans les inégalités du premier satellite : il suffit donc de faire varier les éléments du second, ce qui donne

$$\delta a' = -\frac{2\,m''\,a'^2}{\mu'} \left[ \frac{n'}{2\,n'' - n' - \alpha'}\, \mathrm{A}'e'\cos(2\,l'' - l' - \varpi')\right.$$
$$\left. + \frac{n'}{2\,n'' - n' - \alpha''}\left(\mathrm{B}' - \frac{2\,a'}{a''^2}\right) e''\cos(2\,l'' - l' - \varpi'')\right],$$

$$\delta l' = \delta\rho' = \frac{3\,m''\,a'}{\mu'}\left[\left(\frac{n'}{2\,n'' - n' - \alpha'}\right)^2 \mathrm{A}'e'\sin(2\,l'' - l' - \varpi')\right.$$
$$\left. + \left(\frac{n'}{2\,n'' - n' - \alpha''}\right)^2\left(\mathrm{B}' - \frac{2\,a'}{a''^2}\,e''\sin(2\,l'' - l' - \varpi'')\right)\right],$$

$$\delta e' = \frac{m''\,a'}{\mu'}\,\frac{n'}{2\,n'' - n'}\,\mathrm{A}'\cos(2\,l'' - l' - \varpi'),$$

$$e'\,\delta\varpi' = \frac{m''\,a'}{\mu'}\,\frac{n'}{2\,n'' - n'}\,\mathrm{A}'\sin(2\,l'' - l' - \varpi').$$

L'angle $2l' - l$ étant le seul qui, par sa combinaison avec $2l'' - l'$, puisse donner L, nous prendrons simplement

$$\mathrm{R}_{(0,1)} = \mathrm{A}\,e\cos(2\,l' - l - \varpi) + \left(\mathrm{B} - \frac{2\,a}{a'^2}\right) e'\cos(2\,l' - l - \varpi'),$$

et par suite

$$\frac{d^2 l}{dt^2} = -\frac{3\,m'}{\mu}\,an^2\left[\mathrm{A}\,e\sin(2\,l' - l - \varpi) + \left(\mathrm{B} - \frac{2\,a}{a'^2}\right) e'\sin(2\,l' - l - \varpi')\right].$$

On peut encore simplifier, en observant qu'on peut se borner à faire varier dans cette formule les éléments $e'$ et $\varpi'$. En effet, si nous faisons varier seulement $e'$ et $\varpi'$, il viendra

$$\Delta\frac{d^2 l}{dt^2} = -\frac{3\,m'}{\mu}\,an^2\left(\mathrm{B} - \frac{2\,a}{a'^2}\right)\left[\delta e'\sin(2\,l' - l - \varpi') - e'\,\delta\varpi'\cos(2\,l' - l - \varpi')\right],$$

expression qui est de l'ordre zéro par rapport aux excentricités.

---

(*) Il n'y a pas lieu à prendre dans $\delta a$, $\delta l$, ..., $\delta a'$, ... les termes contenant le coefficient K, parce qu'ils ne contiennent pas la longitude $l''$.

Si l'on fait varier aussi les quantités $a'$ et $l'$, il faudra à cette expression ajouter celle-ci :

$$\Delta \frac{d^2 l}{dt^2} = -\frac{3\,m'}{\mu}\,an^2 \left[\frac{d\mathrm{A}}{da'}\,e\sin(2\,l'-l-\varpi) + \left(\frac{d\mathrm{B}}{da'}+\frac{4\,a}{a'^3}\right)e'\sin(2\,l'-l-\varpi')\right]\delta a'$$
$$-\frac{3\,m'}{\mu}\,an^2\left[\mathrm{A}\,e\cos(2\,l'-l-\varpi) + \left(\mathrm{B}-\frac{2\,a}{a'^2}\right)e'\cos(2\,l'-l-\varpi')\right]2\,\delta l'.$$

La seconde ligne de cette expression est plus importante que la première, parce que dans $\delta l'$ le diviseur $2n''-n'-\alpha'$ ou $2n''-n'-\alpha''$ entre au carré, tandis que dans $\delta a'$ il n'entre qu'à la première puissance : en confondant $\delta l'$ avec $\delta\rho'$ on a déjà négligé des quantités de même ordre que $\delta a'$. Or, dans cette seconde ligne, outre le facteur $e$ ou $e'$ qui est en évidence, il entre un facteur $e'$ ou $e''$ introduit par $\delta l'$. Les termes de la seconde expression contiennent donc tous un facteur tel que $\frac{ee'}{(2n''-n'-\alpha')^2}$, tandis que dans la première il entre seulement le facteur $\frac{1}{2n''-n'}$. On peut donc se borner à faire varier $e'$ et $\varpi'$.

*En résumé*, pour obtenir dans $\frac{d^2 l}{dt^2}$ les termes les plus importants parmi ceux qui proviennent des termes du premier ordre de $\mathrm{R}_{(0,1)}$, on peut réduire $\mathrm{R}_{(0,1)}$ au terme unique $\left(\mathrm{B}-\frac{2\,a}{a'^2}\right)e'\cos(2\,l'-l-\varpi')$, et y faire varier seulement les éléments $e'$ et $\varpi'$.

Le même raisonnement fait voir qu'il n'y a rien à prendre parmi les termes du premier ordre de $\mathrm{R}_{(0,2)}$. En effet, les arguments de ces termes sont de la forme $i(l''-l)\pm l''$, et pour produire l'angle L il faudrait les combiner avec d'autres de la forme $k(l''-l')\pm l''$ ou $k(l'-l)\pm l'$ convenablement choisis dans les valeurs de $\delta a$, $\delta l$, etc. Or il n'y a de petits diviseurs que pour les termes dont l'argument est $2l''-l'$ ou $2l'-l$, et aucun de ces deux arguments combiné avec $i(l''-l)\pm l''$ ne peut donner $l-3l'+2l''$.

Si l'on prenait dans $\mathrm{R}_{(0,1)}$ et $\mathrm{R}_{0,2}$ les termes du premier ordre autres que ceux en $2l'-l$ et $2l''-l'$, ils conduiraient aussi, par les variations des éléments $e$, $\varpi$, $e'$,..., à des termes indépendants des excentricités, mais ne présentant pas de petits diviseurs, ce qui permet de les négliger.

Quant aux autres parties de la fonction $\Omega$, elles ne peuvent donner aucun terme en L ; en effet, dans $\mathrm{R}_{(0,3)}$, $\mathrm{R}_{(0,4)}$ et V il n'entre que les éléments du premier satellite avec ceux du quatrième et ceux du Soleil : il n'y aurait donc à faire varier que les quantités $a$, $l$, $e$,...; or les variations de ces quantités ne contiennent pas à la fois $l'$ et $l''$ dans leurs arguments.

Finalement, les seuls termes en L qu'il y ait lieu de considérer parmi ceux qui

5.

proviennent des termes du premier ordre de $\Omega$, seront donnés, pour le premier satellite, par la formule

$$\Delta \frac{d^2 l}{dt^2} = \frac{3\,m'm''}{\mu\mu'}\,aa'n^2\,\frac{n'}{2\,n''-n'}\,\mathrm{A}'\left(\mathrm{B}-\frac{2\,a}{a'^2}\right)\sin \mathrm{L}.$$

**22.** Si nous comparons la formule précédente aux formules (1) et (2) du n° 20, nous verrons qu'on peut se borner à la considérer seule. En effet, les termes des formules (1) et (2) ne contiennent pas de petit diviseur : ils sont du même ordre d'importance que ceux qui proviendraient des termes du premier ordre négligés dans $\mathrm{R}_{(0,1)}$ et $\mathrm{R}_{(0,2)}$.

Par des raisonnements semblables, on reconnaîtra que pour obtenir les principales inégalités de la longitude moyenne du second satellite, parmi celles qui dépendent de l'angle L, il suffit de prendre celles qui proviennent des termes du premier ordre que contiennent les deux fonctions $\mathrm{R}_{(1,0)}$ et $\mathrm{R}_{(1,2)}$, en se bornant aux deux arguments $2\,l'-l$ et $2\,l''-l'$. Quand on considère les termes en $2\,l'-l$ que présente $\mathrm{R}_{(1,0)}$, il faut y associer, pour produire l'angle L, des inégalités dépendantes de l'angle $2\,l''-l'$, et de même aux termes en $2\,l''-l'$ de $\mathrm{R}_{(1,2)}$ on ne peut associer que des termes en $2\,l'-l$ : donc dans les deux cas il n'y aura lieu de faire varier que les éléments du second satellite, et on verra, comme plus haut, qu'il suffit de faire varier les deux éléments $e'$ et $\varpi'$. On prendra ainsi

$$\mathrm{R}_{(1,0)} = \left(\mathrm{B}-\frac{a'}{2\,a^2}\right)e'\cos(2\,l'-l-\varpi')$$

avec les variations correspondantes

$$\delta e' = \frac{m''a'}{\mu'}\,\frac{n'}{2\,n''-n'}\,\mathrm{A}'\cos(2\,l''-l'-\varpi'),$$

$$e'\,\delta\varpi' = \frac{m''a'}{\mu'}\,\frac{n'}{2\,n''-n'}\,\mathrm{A}'\sin(2\,l''-l'-\varpi'),$$

et

$$\mathrm{R}_{(1,2)} = \mathrm{A}'\,e'\cos(2\,l''-l'-\varpi')$$

avec les variations correspondantes

$$\delta e' = \frac{ma'}{\mu'}\,\frac{n'}{2\,n'-n}\left(\mathrm{B}-\frac{a'}{2\,a^2}\right)\cos(2\,l'-l-\varpi'),$$

$$e'\,\delta\varpi' = \frac{ma'}{\mu'}\,\frac{n'}{2\,n'-n}\left(\mathrm{B}-\frac{a'}{2\,a^2}\right)\sin(2\,l'-l-\varpi');$$

et il viendra

$$\Delta \frac{d^2 l'}{dt^2} = -\frac{6\,mm''}{\mu'^2}\,a'^2n'^2\,\frac{n'}{2\,n''-n'}\,\mathrm{A}'\left(\mathrm{B}-\frac{a'}{2\,a^2}\right)\sin \mathrm{L},$$

$$-\frac{3\,mm''}{\mu'^2}\,a'^2n'^2\,\frac{n'}{2\,n'-n}\,\mathrm{A}'\left(\mathrm{B}-\frac{a'}{2\,a^2}\right)\sin \mathrm{L}.$$

Enfin, pour le troisième satellite, il suffira d'avoir égard aux termes de $R_{(2,1)}$ dont l'argument est $2\,l'' - l'$ et d'y faire varier encore les éléments $e'$ et $\varpi'$ du second satellite. On prendra en conséquence

$$R_{(2,1)} = A'\,e'\cos(2\,l'' - l' - \varpi')$$

et les variations

$$\delta e' = \frac{ma'}{\mu'}\,\frac{n'}{2\,n' - n}\left(B - \frac{a'}{2\,a^2}\right)\cos(2\,l' - l - \varpi'),$$

$$e'\delta\varpi' = \frac{ma'}{\mu'}\,\frac{n'}{2\,n' - n}\left(B - \frac{a'}{2\,a^2}\right)\sin(2\,l' - l - \varpi'),$$

et on aura la formule

$$\Delta\frac{d^2 l''}{dt^2} = \frac{6\,mm'}{\mu'\mu''}\,a'a''n''^2\frac{n'}{2\,n' - n}\,A'\left(B - \frac{a'}{2\,a^2}\right)\sin L.$$

*Remarque.* — Il importe d'observer que les inégalités principales du second ordre des longitudes moyennes se déterminent au moyen des seules inégalités $\delta e'$ et $\delta\varpi'$, lesquelles, suivant la remarque du n° 12, sont aussi exactes que si les péri-joves se déplaçaient peu.

23. Les formules trouvées aux n°s 21 et 22 vont nous servir à démontrer les deux théorèmes du n° 19. En ne considérant dans chaque longitude moyenne que les inégalités où entrera le diviseur $(n - 3\,n' + 2\,n'')^2$, on aura

$$\frac{d^2 l}{dt^2} = \frac{3\,m'm''}{\mu\mu'}\,aa'n^2\frac{n'}{2\,n'' - n'}\,A'\left(B - \frac{2a}{a'^2}\right)\sin L,$$

$$\frac{d^2 l'}{dt^2} = -\frac{9\,mm''}{\mu'^2}\,a'^2n'^2\frac{n'}{2\,n'' - n'}\,A'\left(B - \frac{a'}{2\,a^2}\right)\sin L,$$

$$\frac{d^2 l''}{dt^2} = \frac{6\,mm'}{\mu'\mu''}\,a'a''n''^2\frac{n'}{2\,n' - n}\,A'\left(B - \frac{a'}{2\,a^2}\right)\sin L,$$

en confondant les quantités $2\,n'' - n'$ et $2\,n' - n$; on en déduit

$$\frac{d^2 L}{dt^2} = \frac{3\,a'f}{\mu'}\,\frac{n'}{2\,n'' - n'}\,A'\left[\left(B - \frac{a'}{2\,a^2}\right)\left(\frac{m'm''}{a^2} + 9\,\frac{mm''}{a'^2} + 4\,\frac{mm'}{a''^2}\right)\right.$$
$$\left. + \left(\frac{a'}{2\,a^2} - \frac{2a}{a'^2}\right)\frac{m'm''}{a^2}\right]\sin L.$$

Si l'on calcule, au moyen des nombres que donne Laplace, le coefficient de $\sin L$ dans cette équation, on trouve qu'il est positif et approximativement égal à $0,000\,007\,783$. Désignons-le par $\alpha^2$ : l'angle L devra satisfaire à l'équation approchée

$$\frac{d^2 L}{dt^2} = \alpha^2\sin L.$$

Une première intégration donne, en traitant $\alpha$ comme une constante absolue,

$$\left(\frac{d\mathrm{L}}{dt}\right)^2 = \mathrm{C} - 2\alpha^2 \cos \mathrm{L},$$

C étant une constante qui dépend des circonstances initiales.

Pour que cette nouvelle équation soit possible, il faut que le second membre soit positif, et par suite que l'on ait $\cos \mathrm{L} < \dfrac{\mathrm{C}}{2\alpha^2}$.

$1°$ Si l'on a $\dfrac{\mathrm{C}}{2\alpha^2} > 1$, la condition sera toujours remplie, et il n'en résulte pas de limites pour l'angle L, qui pourra alors croître indéfiniment.

$2°$ Si l'on a $\dfrac{\mathrm{C}}{2\alpha^2} < 1$ et $> -1$, posons $\dfrac{\mathrm{C}}{2\alpha^2} = \cos\omega$, et prenons pour $\omega$ le plus petit angle positif qui réponde à cette valeur; on aura toujours $\cos \mathrm{L} < \cos\omega$; par suite, l'angle L, abstraction faite, s'il y a lieu, des circonférences entières positives ou négatives qu'il peut contenir, devra toujours avoir sa valeur absolue comprise entre $\omega$ et $2\pi - \omega$, et ne pourra qu'osciller autour de la demi-circonférence.

L'hypothèse $\dfrac{\mathrm{C}}{2\alpha^2} < -1$ n'est pas admissible, car il n'y aurait aucune valeur réelle possible pour l'angle L. Nous allons reconnaître que la première hypothèse doit aussi être rejetée, comme incompatible avec les observations.

Supposons en effet qu'on ait $\mathrm{C} > 2\alpha^2$. On tire de l'équation

$$dt = \pm \frac{d\mathrm{L}}{\sqrt{\mathrm{C} - 2\alpha^2 \cos \mathrm{L}}};$$

posons $\mathrm{L} = \pi \pm x$, le signe de $x$ étant celui du radical, il viendra

$$dt = \frac{dx}{\sqrt{\mathrm{C} + 2\alpha^2 \cos x}}.$$

Le temps que mettra l'angle $x$ à croître depuis zéro jusqu'à $\dfrac{\pi}{2}$ sera donné par la formule

$$t = \int_0^{\frac{\pi}{2}} \frac{dx}{\sqrt{\mathrm{C} + 2\alpha^2 \cos x}} < \int_0^{\frac{\pi}{2}} \frac{dx}{\sqrt{2\alpha^2}},$$

puisque $\cos x$ est positif dans l'intervalle de $x = 0$ à $x = \dfrac{\pi}{2}$; ce temps est donc moindre que $\dfrac{\pi}{2\alpha\sqrt{2}}$. En prenant $\alpha^2 = 0,000\,007\,783$, on trouve approximativement

$$\frac{\pi}{2\alpha\sqrt{2}} = 400 \text{ jours}.$$

Ainsi, en supposant qu'on eût $C > 2\alpha^2$, l'angle $x$ n'emploierait pas deux années pour arriver au quart de la circonférence : or cet angle a toujours paru nul ou très-petit. La seule hypothèse admissible est donc la seconde, et par suite l'angle L ne peut qu'osciller de part et d'autre de la demi-circonférence, qui est par conséquent sa valeur moyenne, abstraction faite des quantités périodiques.

La valeur moyenne de L est

$$n_0 t - 3n'_0 t + 2n''_0 t + \varepsilon - 3\varepsilon' + 2\varepsilon'' ;$$

on a donc

$$n_0 t - 3n'_0 t + 2n''_0 t + \varepsilon - 3\varepsilon' + 2\varepsilon'' = \pi,$$

ce qui démontre le second théorème. Le premier en résulte immédiatement : car l'égalité précédente, ayant lieu pour une époque quelconque, se partage dans les deux suivantes :

$$\varepsilon - 3\varepsilon' + 2\varepsilon'' = \pi, \quad n_0 - 3n'_0 + 2n''_0 = 0.$$

Les deux théorèmes n'ont lieu qu'entre les valeurs moyennes des diverses quantités, en sorte qu'à une époque quelconque les expressions $l - 3l' + 2l''$, $n - 3n' + 2n''$ ne sont pas égales respectivement aux nombres $\pi$ et $0$; mais elles n'en diffèrent que par des termes périodiques, qui les font osciller autour de ces valeurs moyennes. Il n'est donc pas nécessaire qu'à l'origine du mouvement on ait eu rigoureusement les deux relations

$$l - 3l' + 2l'' = \pi, \quad n - 3n' + 2n'' = 0;$$

ce qui aurait exigé pour les trois premiers satellites des positions relatives très-particulières. Il faut pourtant que ces relations aient été assez approchées, afin que, par suite des attractions mutuelles de ces trois corps, elles aient pu s'établir rigoureusement entre les valeurs moyennes. Ainsi qu'on l'a vu plus haut, les conditions que doivent remplir les valeurs des éléments à l'époque, quelle qu'elle soit, que l'on prend pour origine du temps, sont exprimées par les deux inégalités $C < 2\alpha^2$, $C > - 2\alpha^2$. Or l'équation

$$\left(\frac{d\mathrm{L}}{dt}\right)^2 = C - 2\alpha^2 \cos \mathrm{L}$$

donne, pour $t = 0$,

$$\left(\frac{d\mathrm{L}}{dt}\right)^2_{t=0} = C - 2\alpha^2 \cos(\varepsilon - 3\varepsilon' + 2\varepsilon'');$$

la condition $C < 2\alpha^2$ revient donc à

$$\left(\frac{d\mathrm{L}}{dt}\right)^2_{t=0} < 4\alpha^2 \sin^2 \tfrac{1}{2}(\varepsilon - 3\varepsilon' + 2\varepsilon''),$$

et, par suite, il faut que la valeur initiale de $\frac{d\mathrm{L}}{dt}$, que l'on peut confondre avec celle de $n - 3n' + 2n''$, ait été primitivement comprise entre les limites

$$+ 2\alpha \sin \frac{1}{2}(\varepsilon - 3\varepsilon' + 2\varepsilon'') \quad \text{et} \quad - 2\alpha \sin \frac{1}{2}(\varepsilon - 3\varepsilon' + 2\varepsilon'').$$

La condition $C > - 2\alpha^2$ n'ajoute rien à la précédente.

On a vu, au n° 16, que les deux principales inégalités périodiques du second satellite, provenant des actions du premier et du troisième, se réunissent en un seul terme, en vertu de la relation qui lie les longitudes ; si cette relation résultait seulement de l'observation, on ne serait pas en droit d'affirmer que ces deux inégalités ne se sépareront jamais dans la suite des siècles, et on devrait les distinguer dans les Tables : il était donc très-intéressant, pour la théorie du second satellite, de reconnaître qu'elle n'est pas accidentelle et temporaire, mais la conséquence d'une loi.

Les théorèmes ont lieu encore lorsque l'on considère les longitudes moyennes synodiques, car la position de l'origine des longitudes disparaît dans l'équation

$$l - 3l' + 2l'' = \pi.$$

Il résulte de là que les trois premiers satellites ne peuvent jamais être éclipsés à la fois, et que dans les éclipses simultanées du second et du troisième, le premier est en conjonction et peut, par conséquent, produire une éclipse de Soleil pour Jupiter.

24. L'équation

$$dt = \frac{dx}{\sqrt{C + 2\alpha^2 \cos x}}$$

détermine l'amplitude $x$ de l'oscillation de l'angle $L$ autour de $\pi$ ; l'angle $x$ étant toujours très-petit, suivant les observations, on peut remplacer $\cos x$ par $1 - \frac{x^2}{2}$, ce qui donnera l'équation

$$dt = \frac{dx}{\sqrt{C + 2\alpha^2 - \alpha^2 x^2}}.$$

Désignons par $D^2$ la constante arbitraire $\frac{C + 2\alpha^2}{\alpha^2}$ et par $E$ une autre arbitraire, il viendra

$$x = D \sin(\alpha t + E),$$

et, par suite, on aura

$$L = \pi \pm D \sin(\alpha t + E),$$

en se bornant à considérer l'inégalité qui provient des termes du second ordre par rapport aux masses.

La période de cette inégalité est $\frac{2\pi}{\alpha} = 2256$ jours ou un peu plus de six ans ; quant aux deux arbitraires D, E, elles remplacent celles que suppriment les deux équations

$$\varepsilon - 3\varepsilon' + 2\varepsilon'' = \pi, \quad n_0 - 3n'_0 + 2n''_0 = 0,$$

ce qui rétablit le nombre de constantes exigé par les équations différentielles.

Reprenons maintenant les valeurs de $\frac{d^2 l}{dt^2}$, $\frac{d^2 l'}{dt^2}$, $\frac{d^2 l''}{dt^2}$ données au n° **23** ; les inégalités qu'elles fournissent seraient les plus considérables parmi celles qui affectent les longitudes moyennes, si elles se présentaient en effet avec le dénominateur $(n - 3n' + 2n'')^2$. Mais on vient de voir que $L = \pi + D \sin(\alpha t + E)$, D pouvant être positif ou négatif ; on aura par suite

$$\sin L = -\sin[D \sin(\alpha t + E)],$$

quantité que l'on peut confondre avec $- D \sin(\alpha t + E)$. D'après cela, si l'on pose, pour abréger,

$$P = \frac{3 a' f}{\mu'} \frac{n'}{2 n'' - n'} A' \left( B - \frac{a'}{2 a^2} \right),$$

et qu'on néglige la petite différence des deux quantités $\frac{a'}{2 a^2}$, $\frac{2 a}{a'^2}$, il viendra pour les longitudes moyennes des trois premiers satellites les inégalités

$$\delta l = \frac{m' m''}{a^2} \frac{PD}{\alpha^2} \sin(\alpha t + E), \quad \delta l' = -\frac{3 m m''}{a'^2} \frac{PD}{\alpha^2} \sin(\alpha t + E), \quad \delta l'' = \frac{2 m m'}{a''^2} \frac{PD}{\alpha^2} \sin(\alpha t + E).$$

Laplace désigne sous le nom de *libration* l'inégalité $\frac{PD}{\alpha^2} \sin(\alpha t + E)$, qui se répartit ainsi entre les trois premiers satellites suivant un rapport dépendant à la fois de leurs masses et de leurs distances à Jupiter. Cette inégalité est problablement insensible, car toutes les recherches qu'a faites Delambre pour la démêler dans les observations ont été infructueuses. Il faut en conclure que les mouvements primitifs des trois premiers satellites ont fort approché de satisfaire aux deux égalités

$$l - 3l' + 2l'' = \pi, \quad n - 3n' + 2n'' = 0 :$$

on a, en effet, $D^2 = \frac{C + 2\alpha^2}{\alpha^2}$, et pour que D soit très-petit, il faut que C soit presque égal à $- 2\alpha^2$ ; par conséquent l'angle $\omega$ défini par $\cos \omega = \frac{C}{2\alpha^2}$ sera très-rapproché de la demi-circonférence, et on a vu que l'angle L doit en être encore plus voisin.

**25.** Les théorèmes qui lient les moyens mouvements et les longitudes moyennes des trois premiers satellites résultent uniquement, comme on l'a vu, des attrac-

6

tions mutuelles de ces astres : il importe donc de s'assurer que les actions étrangères ne viendront pas en troubler l'exactitude, et qu'ils continuent de subsister malgré les altérations qu'elles pourraient produire dans les moyens mouvements. Considérons, en effet, une inégalité à très-longue période qui affecte les longitudes moyennes, et qui soit due à une cause quelconque, connue ou inconnue, comme les variations séculaires de l'orbite et de l'équateur de Jupiter, ou la résistance d'un milieu très-rare : soient $\lambda \sin(it + o)$, $\lambda' \sin(it + o)$, $\lambda'' \sin(it + o)$ les termes qui en résulteront dans les trois longitudes moyennes. Au lieu de l'équation approchée $\dfrac{d^2 L}{dt^2} = \alpha^2 \sin L$, nous prendrons

$$\frac{d^2 L}{dt^2} = \alpha^2 \sin L - i^2 (\lambda - 3\lambda' + 2\lambda'') \sin(it + o),$$

en conservant dans le second membre les termes d'argument $it + o$, malgré la petitesse de leurs coefficients, puisque par hypothèse ces termes deviennent sensibles, par l'intégration, dans les valeurs des longitudes moyennes; ce sont d'ailleurs les seuls qu'il nous soit utile d'introduire au second membre, mais on n'augmenterait pas la difficulté d'intégration en y ajoutant tous ceux qu'on néglige. Si l'on pose $L = \pi + x$ et que l'on confonde $\sin x$ avec $x$, il vient

$$\frac{d^2 x}{dt^2} + \alpha^2 x + i^2 (\lambda - 3\lambda' + 2\lambda'') \sin(it + o) = o,$$

et cette équation donnera, si l'on y regarde les divers coefficients comme des constantes absolues,

$$x = D \sin(\alpha t + E) + \frac{i^2}{i^2 - \alpha^2} (\lambda - 3\lambda' + 2\lambda'') \sin(it + o).$$

Le premier terme de cette valeur est celui dont on a déjà tenu compte, et quant au second, qui donnerait une espèce d'équation séculaire, le facteur $\dfrac{i^2}{i^2 - \alpha^2}$ le rend négligeable, parce que le nombre $i$ est très-petit et beaucoup plus petit que $\alpha$. Ainsi la partie de $x$ qui provient de la cause perturbatrice considérée est tout à fait insensible, et, par suite, les théorèmes subsistent.

Pour qu'il en soit ainsi, malgré les altérations que cette cause produit dans le moyen mouvement de chaque satellite, il faut que les inégalités qui en résultent soient telles, que celle du premier, augmentée de deux fois celle du troisième, soit égale à trois fois celle du second. Ce rapport n'existe pas entre les termes $\lambda \sin(it + o)$, $\lambda' \sin(it + o)$, $\lambda'' \sin(it + o)$, que fournit la première approximation, mais la libration des satellites modifie d'une manière remarquable ces inégalités, et les amène à satisfaire à cette loi. Prenons en effet dans la valeur de $\dfrac{d^2 l}{dt^2}$

les termes en $\sin L$ calculés plus haut, savoir : $\dfrac{d^2l}{dt^2} = \dfrac{m'\,m''}{a^2}\,\mathrm{P}\sin L$ ; l'angle $L = l - 3l' + 2l''$ contient dans son expression des termes en $it + o$, lesquels, par substitution, feront apparaitre de nouveau cet argument dans $l$. Pour obtenir ces nouveaux termes, il suffira de remplacer $L$ par la valeur $\pi + \dfrac{i^2}{i^2 - \alpha^2}(\lambda - 3\lambda' + 2\lambda'')\sin(it + o)$, ou $\sin L$ par $-\dfrac{i^2}{i^2 - \alpha^2}(\lambda - 3\lambda' + 2\lambda'')\sin(it + o)$. Il en résultera dans $l$ l'inégalité

$$\frac{m'\,m''}{a^2}\,\mathrm{P}\,\frac{1}{i^2 - \alpha^2}(\lambda - 3\lambda' + 2\lambda'')\sin(it + o),$$

laquelle n'est pas négligeable, parce que le dénominateur $i^2 - \alpha^2$ se réduit sensiblement à $-\alpha^2$, quantité dont la valeur absolue est du même ordre de grandeur que le facteur $\dfrac{m'\,m''}{a^2}\,\mathrm{P}$ $\Big($ si l'on fait usage des nombres de Laplace, on trouve que l'expression $\dfrac{m'\,m''}{a^2}\,\mathrm{P}\,\dfrac{1}{\alpha^2}$ est comprise entre $\dfrac{1}{3}$ et $\dfrac{1}{4}\Big)$.

En opérant de même pour le second et le troisième satellite, et ajoutant les termes nouveaux aux termes primitifs, on trouve que les inégalités dont il s'agit sont données finalement par les formules

$$\delta l = \left( \lambda + \frac{m'\,m''}{a^2}\,\mathrm{P}\,\frac{\lambda - 3\lambda' + 2\lambda''}{i^2 - \alpha^2} \right) \sin(it + o),$$

$$\delta l' = \left( \lambda' - \frac{3\,mm''}{a'^2}\,\mathrm{P}\,\frac{\lambda - 3\lambda' + 2\lambda''}{i^2 - \alpha^2} \right) \sin(it + o),$$

$$\delta l'' = \left( \lambda'' + \frac{2\,mm'}{a''^2}\,\mathrm{P}\,\frac{\lambda - 3\lambda + 2\lambda''}{i^2 - \alpha^2} \right) \sin(it + o).$$

On en tire

$$\delta l - 3\delta l' + 2\delta l'' = (\lambda - 3\lambda' + 2\lambda'')\left( 1 + \frac{\alpha^2}{i^2 - \alpha^2} \right) \sin(it + o);$$

or le facteur $1 + \dfrac{\alpha^2}{i^2 - \alpha^2}$ se réduit à zéro si l'on peut négliger $i^2$ à côté de $\alpha^2$. Ainsi, par les actions mutuelles des trois premiers satellites, les inégalités à longues périodes de leurs longitudes moyennes se coordonnent de manière à satisfaire à l'équation qui régit les moyens mouvements, avec une exactitude d'autant plus grande que la période est plus longue.

On devra donc tenir compte de cette remarquable modification dans le calcul des inégalités de cette espèce, et en particulier dans le calcul des *équations séculaires* des satellites. Si la période n'est pas très-longue, les inégalités approcheront moins de satisfaire à la relation précédente, mais la correction pourra cependant être encore très-sensible, et pour qu'il y ait lieu de l'appliquer, il suffit que le nombre $i^2$ soit au moins du même ordre de petitesse que $\alpha^2$, c'est-à-dire que la période soit d'au moins six ans.

L'*équation annuelle* est dans ce cas, puisqu'elle a pour période une année de Jupiter. Elle a été trouvée au n° 10 sous la forme $-\dfrac{3\,\mathfrak{M}}{\mu}\,\dfrac{a^3}{\mathcal{A}^3}\,\dfrac{n}{\mathfrak{N}}\,\mathfrak{e}\sin(\mathfrak{L}-\Pi)$, ce qui donne

$$\lambda = -\frac{3\,\mathfrak{M}}{\mu}\,\frac{a^3}{\mathcal{A}^3}\,\frac{n}{\mathfrak{N}}\,\mathfrak{e} = -\frac{3\,\mathfrak{N}\mathfrak{e}}{n}.$$

On aura donc

$$\lambda - 3\lambda' + 2\lambda'' = -3\,\mathfrak{N}\mathfrak{e}\left(\frac{\mathrm{I}}{n} - \frac{3}{n'} + \frac{2}{n''}\right);$$

et, par suite, les *équations annuelles* des longitudes deviendront

$$\delta l = -3\,\mathfrak{N}\mathfrak{e}\left[\frac{\mathrm{I}}{n} + \frac{m'\,m''}{a^2}\,\mathrm{P}\,\frac{\mathrm{I}}{\mathfrak{N}^2 - \alpha^2}\left(\frac{\mathrm{I}}{n} - \frac{3}{n'} + \frac{2}{n''}\right)\right]\sin(\mathfrak{L}-\Pi),$$

$$\delta l' = -3\,\mathfrak{N}\mathfrak{e}\left[\frac{\mathrm{I}}{n'} - \frac{3\,mm''}{a'^2}\,\mathrm{P}\,\frac{\mathrm{I}}{\mathfrak{N}^2 - \alpha^2}\left(\frac{\mathrm{I}}{n} - \frac{3}{n'} + \frac{2}{n''}\right)\right]\sin(\mathfrak{L}-\Pi),$$

$$\delta l'' = -3\,\mathfrak{N}\mathfrak{e}\left[\frac{\mathrm{I}}{n''} + \frac{2\,mm'}{a''^2}\,\mathrm{P}\,\frac{\mathrm{I}}{\mathfrak{N}^2 - \alpha^2}\left(\frac{\mathrm{I}}{n} - \frac{3}{n'} + \frac{2}{n''}\right)\right]\sin(\mathfrak{L}-\Pi).$$

Ces expressions se simplifient un peu si, outre la relation $n - 3n' + 2n'' = 0$, on admet les deux suivantes, qui sont beaucoup moins exactes, $n = 2n'$, $n' = 2n''$. C'est ce que fait Laplace.

## CHAPITRE IV.

INÉGALITÉS SÉCULAIRES ET A LONGUES PÉRIODES DES EXCENTRICITÉS<br>ET DES LONGITUDES DES PÉRIJOVES.

**26.** Dans l'étude du mouvement des planètes, les formules qui donnent le développement de leurs inégalités séculaires suivant les puissances du temps peuvent suffire aux besoins de l'Astronomie; et c'est seulement pour démontrer la stabilité du système solaire que l'on a recours à une intégration plus exacte des équations différentielles qui déterminent ces inégalités. Mais des formules analogues seraient trop peu approchées pour le monde de Jupiter; car la promptitude des révolutions y rend sensibles au bout de peu d'années les altérations dans la forme et la position des orbites, qui ne se développent que par la suite des siècles dans le système planétaire. Nous devrons, en conséquence, dans les équations que nous obtiendrons, regarder les éléments comme variables aussi bien dans les seconds membres que dans les premiers, et nous aurons ainsi à intégrer un système d'équations différentielles simultanées.

Dans la théorie des inégalités séculaires des planètes, on se borne à considérer les termes des fonctions perturbatrices qui sont explicitement indépendants du temps. Supposons que la variation complète de l'élément $p$ soit donnée par la formule $\frac{dp}{dt} = A + B$, la partie A ne contenant que les éléments, et la partie B étant toute périodique : on aura rigoureusement

$$p = \text{const.} + \int A\, dt + \int B\, dt.$$

En général, pour de très-grandes valeurs de $t$, tandis que la partie $\int A\, dt$ peut prendre de grandes valeurs, la partie $\int B\, dt$ ne donnera jamais qu'une quantité assez petite; ce qui permet de la négliger et de poser en conséquence, pour la recherche des inégalités séculaires, l'équation $\frac{dp}{dt} = A$. Mais cela ne sera plus permis si la partie $\int B\, dt$ acquiert par l'intégration de petits diviseurs, ou si certains termes de B présentent de grands coefficients.

En conséquence, nous devrons conserver dans nos équations, *outre les termes non périodiques, les termes périodiques dépendants des angles* $2l' - l$, $2l'' - l'$ *ou de leurs multiples, ceux qui contiennent la longitude $\zeta$ du Soleil sans combinaison avec une longitude de satellite, et enfin ceux qui contiennent le coefficient* K, *même lorsqu'il y entre une longitude de satellite.* De cette manière, nos équations donneront en même temps les inégalités séculaires et les inégalités à longues périodes.

Quand on se borne aux termes du second ordre par rapport aux excentricités et aux inclinaisons, les fonctions perturbatrices ne contiennent aucun mélange des quantités $e$, $\varpi$ avec les quantités $\varphi$ et $\theta$ : il en résulte que les équations différentielles qui déterminent la forme et la position des orbites se partagent en deux groupes distincts et indépendants, se rapportant, le premier aux excentricités et aux longitudes des périjoves, et le second aux inclinaisons et aux longitudes des nœuds. Nous nous occuperons successivement de chacun de ces deux groupes dans ce chapitre et dans le suivant.

27. Les formules générales qui expriment les variations des éléments $e$ et $\varpi$ peuvent encore, si l'on veut ne retenir que des termes comparables, se réduire aux suivantes :

$$\frac{de}{dt} = -\frac{1}{na^2 e}\frac{d\Omega}{d\varpi}, \quad \frac{d\varpi}{dt} = \frac{1}{na^2 e}\frac{d\Omega}{de};$$

en conséquence, les seuls termes utiles de la fonction $\Omega$ seront donnés, pour le premier satellite, par les expressions suivantes :

$$R_{(0,1)} = \frac{1}{4} e^2 \left( A_1^{(0)} + A_2^{(0)} \right) + \frac{1}{2} ee' \cos(\varpi - \varpi') \left( A^{(1)} - A_1^{(1)} - A_2^{(1)} \right) + A\, e \cos(2l' - l - \varpi),$$

ou plutôt, en faisant usage des relations qui lient les coefficients $A^{(i)}$ et $B^{(i)}$,

$$R_{(0,1)} = \frac{1}{8} B^{(1)} e^2 - \frac{1}{4} B^{(2)} ee' \cos(\varpi - \varpi') + A e \cos(2l' - l - \varpi);$$

$$R_{(0,2)} = \frac{1}{8} \dot{B}^{(1)} e^2 - \frac{1}{4} \dot{B}^{(2)} ee'' \cos(\varpi - \varpi'');$$

$$R_{(0,3)} = \frac{1}{8} \ddot{B}^{(1)} e^2 - \frac{1}{4} \ddot{B}^{(2)} ee''' \cos(\varpi - \varpi''');$$

$$R_{(0,4)} = \frac{3}{8} \frac{a^2 e^2}{\mathcal{A}^3} + \frac{15}{8} \frac{a^2 e^2}{\mathcal{A}^3} \cos(2\mathcal{L} - 2\varpi);$$

$$V = \frac{K}{2a^3} e^2 + \frac{K}{a^3} e \cos(l - \varpi).$$

On aura, par conséquent, les deux équations

$$\frac{de}{dt} = -\frac{m'an}{\mu} \frac{B^{(2)}}{4} e' \sin(\varpi - \varpi') - \frac{m''an}{\mu} \frac{\dot{B}^{(2)}}{4} e'' \sin(\varpi - \varpi'') - \frac{m'''an}{\mu} \frac{\ddot{B}^{(2)}}{4} e''' \sin(\varpi - \varpi''')$$
$$- \frac{m'an}{\mu} A \sin(2l' - l - \varpi) - \frac{15}{4} \frac{\mathfrak{M}an}{\mu} \frac{a^2}{\mathcal{A}^3} e \sin(2\mathcal{L} - 2\varpi) - \frac{Kn}{a^2\mu} \sin(l - \varpi);$$

$$e \frac{d\varpi}{dt} = \left( \frac{m'an}{\mu} \frac{B^{(1)}}{4} + \frac{m''an}{\mu} \frac{\dot{B}^{(1)}}{4} + \frac{m'''an}{\mu} \frac{\ddot{B}^{(1)}}{4} + \frac{3}{4} \frac{\mathfrak{M}an}{\mu} \frac{a^2}{\mathcal{A}^3} + \frac{Kn}{a^2\mu} \right) e$$
$$- \frac{m'an}{\mu} \frac{B^{(2)}}{4} e' \cos(\varpi - \varpi') - \frac{m''an}{\mu} \frac{\dot{B}^{(2)}}{4} e'' \cos(\varpi - \varpi'') - \frac{m'''an}{\mu} \frac{\ddot{B}^{(2)}}{4} e''' \cos(\varpi - \varpi''')$$
$$+ \frac{m'an}{\mu} A \cos(2l' - l - \varpi) + \frac{15}{4} \frac{\mathfrak{M}an}{\mu} \frac{a^2}{\mathcal{A}^3} e \cos(2\mathcal{L} - 2\varpi) + \frac{Kn}{a^2\mu} \cos(l - \varpi).$$

Posons, pour abréger,

$$(0,1) = \frac{m'an}{\mu} \frac{B^{(1)}}{4}, \quad (0,2) = \frac{m''an}{\mu} \frac{\dot{B}^{(1)}}{4}, \quad (0,3) = \frac{m'''an}{\mu} \frac{\ddot{B}^{(1)}}{4},$$

$$[0,1] = \frac{m'an}{\mu} \frac{B^{(2)}}{4}, \quad [0,2] = \frac{m''an}{\mu} \frac{\dot{B}^{(2)}}{4}, \quad [0,3] = \frac{m'''an}{\mu} \frac{\ddot{B}^{(2)}}{4},$$

$$(0) = \frac{Kn}{a^2\mu}, \qquad [0] = \frac{3}{4} \frac{\mathfrak{M}n}{\mu} \frac{a^2}{\mathcal{A}^3};$$

et au lieu des variables $e$, $\varpi$, $e'$, $\varpi'$,..., introduisons les variables $h$, $k$, $h'$, $k'$,..., liées aux anciennes par les équations

$$h = e \sin\varpi, \quad k = e \cos\varpi, \quad h' = e' \sin\varpi', \quad k' = e' \cos\varpi', \quad \text{etc.}$$

On aura les formules

$$\frac{dh}{dt} = \sin\varpi \frac{de}{dt} + \cos\varpi . e \frac{d\varpi}{dt}, \quad \frac{dk}{dt} = \cos\varpi \frac{de}{dt} - \sin\varpi . e \frac{d\varpi}{dt},$$

et, par suite, en remplaçant $\dfrac{de}{dt}$, $e\dfrac{d\varpi}{dt}$ par leurs expressions,

$$(1)\begin{cases}\dfrac{dh}{dt}=\big\{(0,1)+(0,2)+(0,3)+(0)+[0]\big\}\,k-[0,1]\,k'-[0,2]\,k''-[0,3]\,k'''\\[2mm]\qquad+\dfrac{m'\,an}{\mu}\,A\cos(2l'-l)+(0)\cos l+5\,[0]\,(k\cos 2\mathcal{L}+h\sin 2\mathcal{L}),\\[3mm]\dfrac{dk}{dt}=-\big\{(0,1)+(0,2)+(0,3)+(\sigma)+[0]\big\}\,h+[0,1]\,h'+[0,2]\,h''+[0,3]\,h'''\\[2mm]\qquad-\dfrac{m'\,an}{\mu}\,A\sin(2l'-l)-(0)\sin l-5\,[0]\,(k\sin 2\mathcal{L}-h\cos 2\mathcal{L}).\end{cases}$$

Pour le second satellite, les diverses parties de la fonction perturbatrice seront

$$R_{(1,0)}=\frac{1}{8}\,B^{(1)}\,e'^{2}-\frac{1}{4}\,B^{(2)}\,ee'\cos(\varpi-\varpi')+\left(B-\frac{a'}{2\,a^{2}}\right)e'\cos(2l'-l-\varpi');$$

$$R_{(1,2)}=\frac{1}{8}\,B'^{(1)}\,e'^{2}-\frac{1}{4}\,B'^{(2)}\,e'e''\cos(\varpi'-\varpi'')+A'e'\cos(2l''-l'-\varpi');$$

$$R_{(1,3)}=\frac{1}{8}\,\dot{B}'^{(1)}\,e'^{2}-\frac{1}{4}\,\dot{B}'^{(2)}\,e'e'''\cos(\varpi'-\varpi''');$$

$R_{(1,4)}$ et $V'$ se déduisent de $R_{(0,4)}$ et $V$ en remplaçant les éléments du premier satellite par ceux du second.

Si l'on pose de même

$$(1,0)=\frac{ma'n'}{\mu'}\frac{B^{(1)}}{4},\quad (1,2)=\frac{m''a'n'}{\mu'}\frac{B'^{(1)}}{4},\quad (1,3)=\frac{m'''a'n'}{\mu'}\frac{\dot{B}'^{(1)}}{4},$$

$$[1,0]=\frac{ma'n'}{\mu'}\frac{B^{(2)}}{4},\quad [1,2]=\frac{m''a'n'}{\mu'}\frac{B'^{(2)}}{4},\quad [1,3]=\frac{m'''a'n'}{\mu'}\frac{\dot{B}'^{(1)}}{4},$$

$$(1)=\frac{K\,n'}{a'^{2}\,\mu'},\qquad\qquad [1]=\frac{3}{4}\frac{\mathcal{M}\,n'}{\mu'}\frac{a'^{3}}{\mathcal{A}^{3}},$$

on aura les deux équations

$$(2)\begin{cases}\dfrac{dh'}{dt}=\big\{(1,0)+(1,2)+(1,3)+(1)+[1]\big\}\,k'-[1,0]\,k-[1,2]\,k''-[1,3]\,k'''\\[2mm]\qquad+\dfrac{ma'n'}{\mu'}\left(B-\dfrac{a'}{2\,a^{2}}\right)\cos(2l'-l)+\dfrac{m''a'n'}{\mu'}\,A'\cos(2l''-l')+(1)\cos l'\\[2mm]\qquad+5\,[1]\,(k'\cos 2\mathcal{L}+h'\sin 2\mathcal{L}),\\[3mm]\dfrac{dk'}{dt}=-\big\{(1,0)+(1,2)+(1,3)+(1)+[1]\big\}\,h'+[1,0]\,h+[1,2]\,h''+[1,3]\,h'''\\[2mm]\qquad-\dfrac{ma'n'}{\mu'}\left(B-\dfrac{a'}{2\,a^{2}}\right)\sin(2l'-l)-\dfrac{m''a'n'}{\mu'}\,A'\sin(2l''-l')-(1)\sin l'\\[2mm]\qquad-5\,[1]\,(h'\sin 2\mathcal{L}-h'\cos 2\mathcal{L}).\end{cases}$$

Pour le troisième satellite, on devra prendre

$R_{(2,0)}$ identique à $R_{(0,2)}$, sauf le changement de $e$ en $e''$ et *vice versâ*,

$R_{(2,1)}$ identique à $R_{(1,0)}$, sauf un accent ajouté à chaque lettre,

$$R_{(2,3)} = \frac{1}{8} B''^{(1)} e''^2 - \frac{1}{4} B''^{(2)} e'' e''' \cos(\varpi'' - \varpi''');$$

et en posant de même

$$(2,0) = \frac{m a'' n''}{\mu''} \frac{\dot{B}^{(1)}}{4}, \quad (2,1) = \frac{m' a'' n''}{\mu''} \frac{B'^{(1)}}{4}, \quad (2,3) = \frac{m''' a'' n''}{\mu''} \frac{B''^{(1)}}{4},$$

$$[2,0] = \frac{m a'' n''}{\mu''} \frac{\dot{B}^{(2)}}{4}, \quad [2,1] = \frac{m' a'' n''}{\mu''} \frac{B'^{(2)}}{4}, \quad [2,3] = \frac{m''' a'' n''}{\mu''} \frac{B''^{(2)}}{4},$$

$$(2) = \frac{K n''}{a''^2 \mu''}, \qquad [2] = \frac{3}{4} \frac{\mathfrak{M} n''}{\mu''} \frac{a''^3}{\mathcal{A}^3},$$

on obtiendra les deux équations

$$(3) \begin{cases} \dfrac{dh''}{dt} = \big\{ (2,0) + (2,1) + (2,3) + (2) + [2] \big\} k'' - [2,0]\, k - [2,1]\, k' - [2,3]\, k''' \\[2mm] \qquad + \dfrac{m' a'' n''}{\mu''} \left( B' - \dfrac{a''}{2 a'^2} \right) \cos(2 l'' - l') + (2) \cos l'' + 5 [2]\, (k'' \cos 2\mathcal{L} + h'' \sin 2\mathcal{L}), \\[4mm] \dfrac{dk''}{dt} = - \big\{ (2,0) + (2,1) + (2,3) + (2) + [2] \big\} h'' + [2,0]\, h + [2,1]\, h' + [2,3]\, h''' \\[2mm] \qquad - \dfrac{m' a'' n''}{\mu''} \left( B' - \dfrac{a''}{2 a'^2} \right) \sin(2 l'' - l') - (2) \sin l'' - 5 [2]\, (k'' \sin 2\mathcal{L} - h'' \cos 2\mathcal{L}). \end{cases}$$

Enfin pour le quatrième satellite on devra prendre

$R_{(3,0)}$ identique à $R_{(0,3)}$, sauf le changement de $e$ en $e'''$ et *vice versâ*,

$R_{(3,1)}$ » $R_{(1,3)}$, » $e'$ en $e'''$ »

$R_{(3,2)}$ » $R_{(2,3)}$, » $e''$ en $e'''$ »

et si l'on pose

$$(3,0) = \frac{m a''' n'''}{\mu'''} \frac{\ddot{B}^{(1)}}{4}, \quad (3,1) = \frac{m' a''' n'''}{\mu'''} \frac{\dot{B}'^{(1)}}{4}, \quad (3,2) = \frac{m'' a''' n'''}{\mu'''} \frac{B''^{(1)}}{4},$$

$$[3,0] = \frac{m a''' n'''}{\mu'''} \frac{\ddot{B}^{(2)}}{4}, \quad [3,1] = \frac{m' a''' n'''}{\mu'''} \frac{\dot{B}'^{(2)}}{4}, \quad [3,2] = \frac{m'' a''' n'''}{\mu'''} \frac{B''^{(2)}}{4},$$

$$(3) = \frac{K n'''}{a'''^2 \mu'''}, \qquad [3] = \frac{3}{4} \frac{\mathfrak{M} n'''}{\mu'''} \frac{a'''^3}{\mathcal{A}^3},$$

on aura les deux équations

$$(4) \begin{cases} \dfrac{dh'''}{dt} = \{(3,0)+(3,1)+(3,2)+(3)+[3]\}\,k''' - [3,0]\,k - [3,1]\,k' - [3,2]\,k'' \\ \qquad + (3)\cos l''' + 5[3](h'''\cos 2\,\mathcal{L} + h'''\sin 2\,\mathcal{L}), \\[2mm] \dfrac{dk'''}{dt} = -\{(3,0)+(3,1)+(3,2)+(3)+[3]\}\,h''' + [3,0]\,h + [3,1]\,h' + [3,2]\,h'' \\ \qquad - (3)\sin l''' - 5[3](k'''\sin 2\,\mathcal{L} - h'''\cos 2\,\mathcal{L}). \end{cases}$$

**28.** Les équations (1), (2), (3), (4) forment un système de huit équations différentielles simultanées, dont l'intégration fournira des valeurs très-approchées des quantités $h$, $k$, $h'$,... et par suite des excentricités et des longitudes des péri-joves. On peut, dans ces équations, regarder les grands axes, et par suite les coefficients $(0,1)$, $[0,1]$, $(0)$, $[0]$, etc., comme des constantes absolues : en effet, les grands axes n'ont que des inégalités périodiques. Il est vrai que quelques-unes de ces inégalités dépendent des angles $2l'-l$ et $2l''-l'$, et comme nous conservons dans nos équations les termes qui contiennent ces angles, on pourrait croire que les coefficients $(0,1)$, $[0,1]$, etc., devraient être remplacés par une partie constante, plus une partie dépendant des mêmes angles; mais cette dernière peut être négligée, car elle contiendrait deux masses et une excentricité, tandis que les termes comme $\dfrac{m'an}{\mu}\,A\cos(2l'-l)$, par exemple, ne contiennent qu'une seule masse et sont indépendants des excentricités.

Pour la même raison, on peut ne pas tenir compte des inégalités des longitudes moyennes et prendre par exemple $l = nt + \varepsilon$, $n$ et $\varepsilon$ étant des constantes absolues : les termes proportionnels au temps qu'amènerait la partie $\varepsilon$ peuvent être supposés renfermés dans $nt$, et les inégalités qui dépendent des angles $2l'-l$, $2l''-l'$, $\mathcal{L}$ ajouteraient aux termes primitifs d'autres termes contenant une masse et une excentricité de plus.

Pour obtenir les intégrales complètes du système des huit équations différentielles simultanées, nous commencerons par négliger dans chacune d'elles les termes affectés de sinus ou de cosinus, ce qui les rendra linéaires; ayant trouvé les intégrales du système d'équations linéaires obtenu, nous ferons varier les constantes arbitraires amenées par l'intégration et nous obtiendrons ainsi les intégrales des équations différentielles complètes. Mais il ne faut voir dans cette marche qu'un procédé d'analyse et non une méthode d'approximation, car on peut observer que parmi les termes d'abord négligés il en est de plus importants que ceux que l'on conserve : par exemple, le terme $\dfrac{m'an}{\mu}\,A\cos(2l'-l)$ est du premier ordre par rapport aux masses et d'ordre zéro par rapport aux excentricités, tandis que les termes comme $(0,1)k$ sont du premier ordre à la fois par rapport aux masses et aux excentricités.

Nous aurons donc à intégrer d'abord le système d'équations linéaires simultanées

$$(5) \begin{cases}
\dfrac{dh}{dt} = \left\{(0,1)+(0,2)+(0,3)+(0)+[0]\right\}k - [0,1]k' - [0,2]k'' - [0,3]k''', \\[2mm]
\dfrac{dh'}{dt} = \left\{(1,0)+(1,2)+(1,3)+(1)+[1]\right\}k' - [1,0]k - [1,2]k'' - [1,3]k''', \\[2mm]
\dfrac{dh''}{dt} = \left\{(2,0)+(2,1)+(2,3)+(2)+[2]\right\}k'' - [2,0]k - [2,1]k' - [2,3]k''', \\[2mm]
\dfrac{dh'''}{dt} = \left\{(3,0)+(3,1)+(3,2)+(3)+[3]\right\}k''' - [3,0]k - [3,1]k' - [3,2]k''; \\[2mm]
\dfrac{dk}{dt} = -\left\{(0,1)+(0,2)+(0,3)+(0)+[0]\right\}h + [0,1]h' + [0,2]h'' + [0,3]h''', \\[2mm]
\dfrac{dk'}{dt} = -\left\{(1,0)+(1,2)+(1,3)+(1)+[1]\right\}h' + [1,0]h + [1,2]h'' + [1,3]h''', \\[2mm]
\hspace{3cm}\dotfill
\end{cases}$$

Ces équations sont celles qu'on obtiendrait si l'on cherchait seulement les inégalités séculaires.

29. Pour intégrer les équations (5), posons, suivant la méthode connue,

$$h = M\sin(gt+\beta), \quad h' = M'\sin(gt+\beta), \quad h'' = M''\sin(gt+\beta), \quad h''' = M'''\sin(gt+\beta),$$
$$k = M\cos(gt+\beta), \quad k' = M'\cos(gt+\beta), \quad \dotfill, \quad \dotfill,$$

ces valeurs donnent une solution, si les indéterminées M, M', M'', M''' et $g$ satisfont aux quatre équations

$$(6) \begin{cases}
\left\{g-(0,1)-(0,2)-(0,3)-(0)-[0]\right\}M + [0,1]M' + [0,2]M'' + [0,3]M''' = 0, \\[1mm]
[1,0]M + \left\{g-(1,0)-(1,2)-(1,3)-(1)-[1]\right\}M' + [1,2]M'' + [1,3]M''' = 0, \\[1mm]
[2,0]M + [2,1]M' + \left\{g-(2,0)-(2,1)-(2,3)-(1)-[1]\right\}M'' + [2,3]M''' = 0, \\[1mm]
[3,0]M + [3,1]M' + [3,2]M'' + \left\{g-(3,0)-(3,1)-(3,2)-(3)-[3]\right\}M''' = 0,
\end{cases}$$

l'angle $\beta$ restant tout à fait arbitraire.

Ces quatre équations ne contenant que les rapports des quantités M, M', M'', M''', auront pour résultante l'équation du quatrième degré en $g$,

$$\begin{vmatrix}
g-(0,1)-(0,2)-(0,3)-(0)-[0] & [0,1] & [0,2] & [0,3] \\
[1,0] & g-(1,0)-(1,2)-(1,3)-(1)-[1] & [1,2] & [1,3] \\
[2,0] & [2,1] & g-(2,0)-(2,1)-(2,3)-(2)-[2] & [2,3] \\
[3,0] & [3,1] & [3,2] & g-(3,0)-(3,1)-(3,2)-(3)-[3]
\end{vmatrix} = 0.$$

Cette équation a toutes ses racines réelles et inégales, comme cela arrive pour l'équation analogue que présente la théorie des inégalités séculaires des planètes : on peut en effet répéter sur cette équation les diverses démonstrations que l'on connaît de cette propriété, en observant que les coefficients sont liés entre eux par les relations

$$mna^2[0,1] = m'n'a'^2[1,0], \quad mna^2[0,2] = m''n''a''^2[2,0], \text{ etc.}$$

Soient $g$, $g_1$, $g_2$, $g_3$ les quatre racines. Portons dans les équations (6) la valeur de la première racine, nous obtiendrons trois équations distinctes déterminant les rapports de trois des quantités M, M', M'', M''' à la quatrième qui reste arbitraire. Si nous convenons, par exemple, de prendre M pour constante arbitraire, les autres coefficients M', M'', M''' seront déterminés en fonction de M, et on aura

$$M' = \lambda' M, \quad M'' = \lambda'' M, \quad M''' = \lambda''' M,$$

$\lambda'$, $\lambda''$, $\lambda'''$ étant des nombres connus et dépendants du nombre $g$.

Une première solution des équations (5) nous sera donnée par les valeurs

$$h = M\sin(gt+\beta), \quad h' = \lambda' M\sin(gt+\beta), \quad h'' = \lambda'' M\sin(gt+\beta), \quad h''' = \lambda''' M\sin(gt+\beta),$$
$$k = M\cos(gt+\beta), \quad k' = \lambda' M\cos(gt+\beta), \quad \ldots\ldots\ldots\ldots\ldots, \quad \ldots\ldots\ldots\ldots\ldots\ldots,$$

dans lesquelles il entre les deux arbitraires M et $\beta$.

Si nous portons de même la racine $g_1$ dans les équations (6), en désignant par $M_1$, $M'_1$, $M''_1$, $M'''_1$ les valeurs nouvelles des coefficients et prenant $M_1$ pour arbitraire, on aura, pour déterminer les autres, des formules telles que

$$M'_1 = \lambda'_1 M_1, \quad M''_1 = \lambda''_1 M_1, \quad M'''_1 = \lambda'''_1 M_1,$$

les nombres $\lambda'_1$, $\lambda''_1$, $\lambda'''_1$ étant connus et dépendants du nombre $g_1$; et il en résultera une seconde solution des équations (5) avec deux nouvelles arbitraires, $M_1$ et $\beta_1$.

$$h = M_1\sin(g_1 t+\beta_1), \quad h' = \lambda'_1 M_1\sin(g_1 t+\beta_1), \quad h'' = \lambda''_1 M_1\sin(g_1 t+\beta_1), \quad h''' = \lambda'''_1 M_1\sin(g_1 t+\beta_1)$$
$$k = M_1\cos(g_1 t+\beta_1), \quad k' = \lambda'_1 M_1\cos(g_1 t+\beta_1)\ldots\ldots\ldots\ldots\ldots\ldots\ldots\ldots\ldots\ldots$$

De même, chacune des racines $g_2$ et $g_3$ fournira une solution avec deux nouvelles constantes que nous désignerons par $M_2$, $\beta_2$ et $M_3$, $\beta_3$.

En conséquence, on aura pour intégrale générale du système (5) l'ensemble des formules

$$(7) \begin{cases} h = M\sin(gt+\beta) + M_1\sin(g_1 t+\beta_1) + M_2\sin(g_2 t+\beta_2) + M_3\sin(g_3 t+\beta_3), \\ h' = \lambda' M\sin(gt+\beta) + \lambda'_1 M_1\sin(g_1 t+\beta_1) + \lambda'_2 M_2\sin(g_2 t+\beta_2) + \lambda'_3 M_3\sin(g_3 t+\beta_3), \\ h'' = \lambda'' M\sin(gt+\beta) + \lambda''_1 M_1\sin(g_1 t+\beta_1) + \lambda''_2 M_2\sin(g_2 t+\beta_2) + \lambda''_3 M_3\sin(g_3 t+\beta_3), \\ h''' = \lambda''' M\sin(gt+\beta) + \lambda'''_1 M_1\sin(g_1 t+\beta_1) + \lambda'''_2 M_2\sin(g_2 t+\beta_2) + \lambda'''_3 M_3\sin(g_3 t+\beta_3); \\ k = M\cos(gt+\beta) + M_1\cos(g_1 t+\beta_1) + M_2\cos(g_2 t+\beta_2) + M_3\cos(g_3 t+\beta_3), \\ k' = \lambda' M\cos(gt+\beta) + \lambda'_1 M_1\cos(g_1 t+\beta_1) + \lambda'_2 M_2\cos(g_2 t+\beta_2) + \lambda'_3 M_3\cos(g_3 t+\beta_3), \\ \ldots\ldots\ldots\ldots\ldots\ldots\ldots\ldots\ldots\ldots\ldots\ldots\ldots\ldots \end{cases}$$

30. Si dans les formules (7) on fait varier les quantités M, $M_1$, $M_2$, $M_3$, $\beta$, $\beta_1$, $\beta_2$, $\beta_3$, ces mêmes formules pourront représenter l'intégrale générale du système des équations (1), (2), (3) et (4). Pour plus de commodité nous changerons les constantes des formules (7) en d'autres équivalentes qui rendront les calculs plus symétriques.

Posons

$$M \sin\beta = C, \quad M_1 \sin\beta_1 = C_1, \quad M_2 \sin\beta_2 = C_2, \quad M_3 \sin\beta_3 = C_3,$$
$$M \cos\beta = D, \quad M_1 \cos\beta_1 = D_1, \quad M_2 \cos\beta_2 = D_2, \quad M_3 \cos\beta_3 = D_3;$$

les constantes C, D, $C_1$, $D_1$, etc., sont celles dont nous chercherons les variations. Les formules (7) deviennent

$$
(8)\quad
\begin{cases}
h = (C \cos gt + D \sin gt) + (C_1 \cos g_1 t + D_1 \sin g_1 t) \\
\qquad + (C_2 \cos g_2 t + D_2 \sin g_2 t) + (C_3 \cos g_3 t + D_3 \sin g_3 t), \\
h' = \lambda' (C \cos gt + D \sin gt) + \lambda'_1 (C_1 \cos g_1 t + D_1 \sin g_1 t) + \ldots, \\
h'' = \lambda'' (C \cos gt + D \sin gt) + \lambda''_1 (C_1 \cos g_1 t + D_1 \sin g_1 t) + \ldots, \\
h''' = \lambda''' (C \cos gt + D \sin gt) + \lambda'''_1 (C_1 \cos g_1 t + D_1 \sin g_1 t) + \ldots; \\[4pt]
k = (-C \sin gt + D \cos gt) + (-C_1 \sin g_1 t + D_1 \cos g_1 t) \\
\qquad + (-C_2 \sin g_2 t + D_2 \cos g_2 t) + (-C_3 \sin g_3 t + D_3 \cos g_3 t), \\
k' = \lambda' (-C \sin gt + D \cos gt) + \lambda'_1 (-C_1 \sin g_1 t + D_1 \cos g_1 t) + \ldots, \\
\cdots\cdots\cdots\cdots
\end{cases}
$$

Pour abréger mettons les équations (1), (2), (3), (4) sous la forme

$$
(9)\quad
\begin{cases}
\dfrac{dh}{dt} = \{(0,1) + (0,2) + \ldots\}\, k - [0,1]k' - [0,2]k'' - [0,3]k''' + H, \\[8pt]
\dfrac{dh'}{dt} = \{(1,0) + (1,2) + \ldots\}\, k' - [1,0]k - [1,2]k'' - [1,3]k''' + H', \\[8pt]
\dfrac{dh''}{dt} = \{(2,0) + (2,1) + \ldots\}\, k'' - [2,0]k - [2,1]k' - [2,3]k''' + H'', \\[8pt]
\dfrac{dh'''}{dt} = \{(3,0) + (3,1) + \ldots\}\, k''' - [3,0]k - [3,1]k' - [3,2]k'' + H'''; \\[8pt]
\dfrac{dk}{dt} = -\{(0,1) + (0,2) + \ldots\}\, h + [0,1]h' + [0,2]h'' + [0,3]h''' + K, \\[4pt]
\cdots\cdots\cdots\cdots \\
\ldots \text{(Il n'y aura pas confusion avec la constante K de V, celle-ci ne} \\
\qquad \text{figurant plus explicitement.)}
\end{cases}
$$

Portons dans les équations (9) les valeurs (8) en regardant comme variables les quantités C, D, $C_1$, etc., et négligeons les termes qui se détruisent en vertu des équations (6) appliquées successivement à chacune des racines $g$, $g_1$, $g_2$, $g_3$; nous obtiendrons entre les dérivées $\dfrac{dC}{dt}$, $\dfrac{dD}{dt}$,..., les équations

$$(10)\quad\left\{\begin{aligned}
&\left(\frac{dC}{dt}\cos gt+\frac{dD}{dt}\sin gt\right)+\left(\frac{dC_1}{dt}\cos g_1 t+\frac{dD_1}{dt}\sin g_1 t\right)+\ldots=H,\\[4pt]
&\lambda'\left(\frac{dC}{dt}\cos gt+\frac{dD}{dt}\sin gt\right)+\lambda'_1\left(\frac{dC_1}{dt}\cos g_1 t+\frac{dD_1}{dt}\sin g_1 t\right)+\ldots=H',\\[2pt]
&\;\ldots\ldots\ldots\ldots\ldots\ldots\ldots\ldots\ldots\ldots\ldots\ldots\ldots\ldots\ldots\\[2pt]
&\left(-\frac{dC}{dt}\sin gt+\frac{dD}{dt}\cos gt\right)+\left(-\frac{dC_1}{dt}\sin g_1 t+\frac{dD_1}{dt}\cos g_1 t\right)+\ldots=K,\\[4pt]
&\lambda'\left(-\frac{dC}{dt}\sin gt+\frac{dD}{dt}\cos gt\right)+\lambda'_1\left(-\frac{dC_1}{dt}\sin g_1 t+\frac{dD_1}{dt}\cos g_1 t\right)+\ldots=K',\\[2pt]
&\;\ldots\ldots\ldots\ldots\ldots\ldots\ldots\ldots\ldots\ldots\ldots\ldots\ldots\ldots\ldots
\end{aligned}\right.$$

Posons, pour un instant, afin d'abréger l'écriture,

$$(11)\quad\left\{\begin{aligned}
&x=\frac{dC}{dt}\cos gt+\frac{dD}{dt}\sin gt, &\quad& x_1=\frac{dC_1}{dt}\cos g_1 t+\frac{dD_1}{dt}\sin g_1 t,\ldots,\\[4pt]
&y=-\frac{dC}{dt}\sin gt+\frac{dD}{dt}\cos gt, &\quad& y_1=-\frac{dC_1}{dt}\sin g_1 t+\frac{dD_1}{dt}\cos g_1 t,\ldots;
\end{aligned}\right.$$

les équations (10) se partagent dans les deux groupes

$$
\begin{aligned}
x+\;\;x_1+\;\;x_2+\;\;x_3&=H, &\qquad y+\;\;y_1+\;\;y_2+\;\;y_3&=K,\\
\lambda' x+\lambda'_1 x_1+\lambda'_2 x_2+\lambda'_3 x_3&=H', &\qquad \lambda' y+\lambda'_1 y_1+\lambda'_2 y_2+\lambda'_3 y_3&=K',\\
\lambda'' x+\lambda''_1 x_1+\lambda''_2 x_2+\lambda''_3 x_3&=H'', &\qquad \lambda'' y+\lambda''_1 y_1+\lambda''_2 y_2+\lambda''_3 y_3&=K'',\\
\lambda''' x+\lambda'''_1 x_1+\lambda'''_2 x_2+\lambda'''_3 x_3&=H'''; &\qquad \lambda''' y+\lambda'''_1 y_1+\lambda'''_2 y_2+\lambda'''_3 y_3&=K'''.
\end{aligned}
$$

Dans ces deux systèmes d'équations les coefficients des inconnues sont les mêmes : si donc on tire du premier les valeurs

$$
\begin{aligned}
x&=PH+P'H'+P''H''+P'''H''',\\
x_1&=P_1 H+P'_1 H'+P''_1 H''+P'''_1 H''',\\
&\;\ldots\ldots\ldots\ldots\ldots\ldots\ldots\ldots
\end{aligned}
$$

on tirera de même du second

$$
\begin{aligned}
y&=PK+P'K'+P''K''+P'''K''',\\
y_1&=P_1 K+P'_1 K'+P''_1 K''+P'''_1 K''',\\
&\;\ldots\ldots\ldots\ldots\ldots\ldots\ldots\ldots
\end{aligned}
$$

les nombres P, P',... étant les mêmes. Mais des formules (11) on tire

$$\frac{dC}{dt}=x\cos gt-y\sin gt,\qquad \frac{dD}{dt}=x\sin gt+y\cos gt,\ldots;$$

on aura donc pour déterminer les valeurs variables des quantités C, D,..., les équations

$$(12)\quad\begin{cases}\dfrac{dC}{dt} = P\,(H\cos gt - K\sin gt) + P'\,(H'\cos gt - K'\sin gt) + \dots,\\[2mm]\dfrac{dD}{dt} = P\,(H\sin gt + K\cos gt) + P'\,(H'\sin gt + K'\cos gt) + \dots,\\[2mm]\dfrac{dC_i}{dt} = P_i\,(H\cos g_i t - K\sin g_i t) + P'_i\,(H'\cos g_i t - K'\sin g_i t) + \dots,\\[2mm]\dots\dots\dots\dots\dots\dots\dots\dots\dots\dots\dots\dots\dots\dots\dots\dots\dots\dots\dots\end{cases}$$

Il ne reste qu'à appliquer ces formules, en y remplaçant H, K, H',..., par leurs valeurs.

Quant aux nombres P, P',..., nous pouvons les regarder comme connus par la résolution des équations entre $x$, $x_i$, $x_2$, $x_3$. On peut du reste en avoir facilement l'expression au moyen des relations connues, de la forme

$$mna^2\,MM_i + m'\,n'\,a'^2\,M'\,M'_i + m''\,n''\,a''^2\,M''\,M''_i + m'''\,n'''\,a'''^2\,M'''\,M'''_i = 0,$$

ou

$$mna^2 + m'\,n'\,a'^2\,\lambda'\,\lambda'_i + m''\,n''\,a''^2\,\lambda''\,\lambda''_i + m'''\,n'''\,a'''^2\,\lambda'''\,\lambda'''_i = 0.$$

Si l'on multiplie respectivement par $mna^2$, $m'\,n'\,a'^2\,\lambda'$, $m''\,n''\,a''^2\,\lambda''$, $m'''\,n'''\,a'''^2\,\lambda'''$ les équations du premier groupe et qu'on les ajoute, il vient

$$(mna^2 + m'\,n'\,a'^2\,\lambda'^2 + m''\,n''\,a''^2\,\lambda''^2 + m'''\,n'''\,a'''^2\,\lambda'''^2)\,x + (mna^2 + m'\,n'\,a'^2\,\lambda'\,\lambda'_i + \dots)\,x_i + \dots$$
$$= mna^2\,H + m'\,n'\,a'^2\,\lambda'\,H' + m''\,n''\,a''^2\,\lambda''\,H'' + m'''\,n'''\,a'''^2\,\lambda'''\,H''',$$

équation qui se réduit à

$$x = \frac{mna^2\,H + m'\,n'\,a'^2\,\lambda'\,H' + m''\,n''\,a''^2\,\lambda''\,H'' + m'''\,n'''\,a'''^2\,\lambda'''\,H'''}{mna^2 + m'\,n'\,a'^2\,\lambda'^2 + m''\,n''\,a''^2\,\lambda''^2 + m'''\,n'''\,a'''^2\,\lambda'''^2}.$$

On aura donc

$$P = \frac{mna^2}{mna^2 + m'\,n'\,a'^2\,\lambda'^2 + \dots}, \qquad P' = \frac{m'\,n'\,a'^2\,\lambda'}{mna^2 + m'\,n'\,a'^2\,\lambda'^2 + \dots}, \dots$$

On trouverait pareillement les valeurs de $P_i$, $P'_i$,..., en multipliant les équations par $mna^2$, $m'\,n'\,a'^2\,\lambda'_i$, $m''\,n''\,a''^2\,\lambda''_i$, $m'''\,n'''\,a'''^2\,\lambda'''_i$ et les ajoutant; et ainsi de suite.

31. Appliquons maintenant les formules (12). Les quantités désignées par H, K, H',... sont respectivement, en observant qu'on peut remplacer $\cos(2l'' - l')$

et $\sin(2l'' - l')$ par $-\cos(2l' - l)$ et $-\sin(2l' - l)$.

$$H = \frac{m'an}{\mu} A\cos(2l' - l) + (0)\cos l + 5[0](k\cos 2\mathcal{L} + h\sin 2\mathcal{L}),$$

$$K = -\frac{m'an}{\mu} A\sin(2l' - l) - (0)\sin l - 5[0](k\sin 2\mathcal{L} - h\cos 2\mathcal{L}),$$

$$H' = \frac{a'n'}{\mu'}\left[m\left(B - \frac{a'}{2a^2}\right) - m''A'\right]\cos(2l' - l) + (1)\cos l' + 5[1](k'\cos 2\mathcal{L} + h'\sin 2\mathcal{L}),$$

$$K' = -\frac{a'n'}{\mu'}\left[m\left(B - \frac{a'}{2a^2}\right) - m''A'\right]\sin(2l' - l) - (1)\sin l' - 5[1](k'\sin 2\mathcal{L} - h'\cos 2\mathcal{L}),$$

$$H'' = -\frac{m'a''n''}{\mu''}\left(B' - \frac{a''}{2a'^2}\right)\cos(2l' - l) + (2)\cos l'' + 5[2](k''\cos 2\mathcal{L} + h''\sin 2\mathcal{L}),$$

$$K'' = +\frac{m'a''n''}{\mu''}\left(B' - \frac{a''}{2a'^2}\right)\sin(2l' - l) - (2)\sin l'' - 5[2](k''\sin 2\mathcal{L} - h''\cos 2\mathcal{L}),$$

$$H''' = (3)\cos l''' + 5[3](h'''\cos 2\mathcal{L} + h'''\sin 2\mathcal{L}),$$

$$K''' = -(3)\sin l''' - 5[3](h'''\sin 2\mathcal{L} - h'''\cos 2\mathcal{L}).$$

Il faut introduire dans ces quantités les valeurs de la première approximation. Pour opérer rigoureusement, il faudrait, dans H, K,..., remplacer $h$, $k$, $h'$,..., par les valeurs (8), et cela dans toutes les quantités qui peuvent en dépendre, savoir, dans les grands axes, qui entrent dans tous les coefficients, et dans les longitudes moyennes; mais il est clair que chaque terme ne ferait ainsi que s'accroître de quantités négligeables. On peut donc se contenter de remplacer $h$, $k$, $h'$,..., dans les termes où ils entrent explicitement, c'est-à-dire dans les termes dépendants de $\mathcal{L}$.

Observons d'ailleurs que les termes des valeurs de H, K,..., qui dépendent de l'angle $\mathcal{L}$ sont beaucoup moins importants que les autres, d'abord parce qu'ils contiennent un facteur de l'ordre des excentricités, et ensuite parce que les coefficients [0], [1],..., sont assez petits. Si l'on prend les nombres de Laplace, on a (en secondes centésimales)

$$[0] = 103'',27, \quad [1] = 207'',29, \quad [2] = 417'',63, \quad [3] = 974'',19,$$

tandis que l'on a

$$(0) = 553878'',76, \quad (1) = 109003'',20, \quad (2) = 21264'',89, \quad (3) = 2946'',95.$$

Il serait donc permis, dans une première approximation, de négliger les termes en $\mathcal{L}$ (Laplace ne les fait pas intervenir pour compléter ses équations) : c'est ce que nous ferons d'abord. Pour en tenir compte ensuite, il sera suffisamment exact, après y avoir introduit les valeurs de $h$, $k$, $h'$,..., d'intégrer par quadratures en considérant les éléments comme constants dans les seconds membres des formules (12).

Quand on néglige les termes en $\mathcal{L}$, l'intégration des équations (12) se ramène rigoureusement à de simples quadratures. Si l'on effectue les substitutions et qu'on intègre ensuite, on trouve que les constantes C, D, $C_1$,..., doivent être remplacées respectivement par les expressions

$$(13)\begin{cases} C + \dfrac{P\,\dfrac{m'an}{\mu}\,A + P'\,\dfrac{a'n'}{\mu'}\left[m\left(B - \dfrac{a'}{2a^2}\right) - m''A'\right] - P''\,\dfrac{m'a''n''}{\mu''}\left(B' - \dfrac{a''}{2a'^2}\right)}{2n' - n - g}\sin(2l' - l - gt) \\[4ex] \qquad + P\,\dfrac{(0)}{n-g}\sin(l-gt) + P'\,\dfrac{(1)}{n'-g}\sin(l'-gt) + P''\,\dfrac{(2)}{n''-g}\sin(l''-gt) + P'''\,\dfrac{(3)}{n'''-g}\sin(l'''-gt), \\[4ex] D + \dfrac{P\,\dfrac{m'an}{\mu}\,A + P'\,\dfrac{a'n'}{\mu'}\left[m\left(B - \dfrac{a'}{2a^2}\right) - m''A'\right] - P''\,\dfrac{m'a''n''}{\mu''}\left(B' - \dfrac{a''}{2a'^2}\right)}{2n' - n - g}\cos(2l' - l - gt) \\[4ex] \qquad + P\,\dfrac{(0)}{n-g}\cos(l-gt) + P'\,\dfrac{(1)}{n'-g}\cos(l'-gt) + P''\,\dfrac{(2)}{n''-g}\cos(l''-gt) + P'''\,\dfrac{(3)}{n'''-g}\cos(l'''-gt), \\[4ex] C_1 + \dfrac{P_1\,\dfrac{m'an}{\mu}\,A + P'_1\,\dfrac{a'n'}{\mu'}\left[m\left(B - \dfrac{a'}{2a^2}\right) - m''A'\right] + P''_1\,\dfrac{m'a''n''}{\mu''}\left(B' - \dfrac{a''}{2a'^2}\right)}{2n' - n - g_1}\sin(2l' - l - g_1 t) \\[4ex] \qquad + P_1\,\dfrac{(0)}{n-g_1}\sin(l-g_1 t) + P'_1\,\dfrac{(1)}{n'-g_1}\sin(l'-g_1 t) + P''_1\,\dfrac{(2)}{n''-g_1}\sin(l''-g_1 t) + P'''_1\,\dfrac{(3)}{n'''-g_1}\sin(l'''-g_1 t), \end{cases}$$

et ainsi de suite. La valeur de $C_1$ se déduit de celle de C en remplaçant seulement P, P', P'', P''' et $g$ par $P_1$, $P'_1$, $P''_1$, $P'''_1$ et $g_1$ : on déduirait de même $D_1$ de D, etc.

Ces valeurs doivent être substituées dans les formules (8). Pour abréger, désignons par E le coefficient commun de $\sin(2l' - l - gt)$ et de $\cos(2l' - l - gt)$ dans C et D, par $E_1$ le coefficient commun de $\sin(2l' - l - g_1 t)$ et de $\cos(2l' - l - g_1 t)$ dans $C_1$ et $D_1$, etc., et de même par F celui de $\sin(l - gt)$ dans C, par F' celui de $\sin(l' - gt)$, etc., par $F_1$ celui de $\sin(l - g_1 t)$ dans $C_1$, etc. On trouvera ainsi qu'en faisant abstraction des termes en $\mathcal{L}$, les intégrales des équations (9) seront représentées par les formules (8) ou les formules (7), les valeurs $h$, $h'$,..., $k$, $k'$,..., étant accrues des quantités respectives

$$(14)\begin{cases} \delta h = (E + E_1 + E_2 + E_3)\,\sin(2l' - l) + (F + F_1 + F_2 + F_3)\sin l \\ \qquad + (F' + F'_1 + F'_2 + F'_3)\sin l' + (F'' + F''_1 + F''_2 + F''_3)\sin l'' + (F''' + F'''_1 + F'''_2 + F'''_3)\sin l''', \\[1ex] \delta h' = (E\lambda' + E_1\lambda'_1 + E_2\lambda'_2 + E_3\lambda'_3)\sin(2l' - l) + (F\lambda' + F_1\lambda'_1 + F_2\lambda'_2 + F_3\lambda'_3)\sin l + \ldots, \\[1ex] \delta h'' = (E\lambda'' + E_1\lambda''_1 + E_2\lambda''_2 + E_3\lambda''_3)\sin(2l' - l) + (F\lambda'' + F_1\lambda''_1 + F_2\lambda''_2 + F_3\lambda''_3)\sin l + \ldots, \\[1ex] \delta h''' = (E\lambda''' + E_1\lambda'''_1 + E_2\lambda'''_2 + E_3\lambda'''_3)\sin(2l' - l) + (F\lambda''' + F_1\lambda'''_1 + F_2\lambda'''_2 + F_3\lambda'''_3)\sin l + \ldots; \\[1ex] \delta k = (E + E_1 + E_2 + E_3)\,\cos(2l' - l) + (F + F_1 + F_2 + F_3)\,\cos l + \ldots, \\[1ex] \delta k' = (E\lambda' + E_1\lambda'_1 + E_2\lambda'_2 + E_3\lambda'_3)\cos(2l' - l) + (F\lambda' + F_1\lambda'_1 + F_2\lambda'_2 + F_3\lambda'_3)\cos l + \ldots, \\[1ex] \delta k'' = (E\lambda'' + E_1\lambda''_1 + E_2\lambda''_2 + E_3\lambda''_3)\cos(2l' - l) + (F\lambda'' + F_1\lambda''_1 + F_2\lambda''_2 + F_3\lambda''_3)\cos l + \ldots, \\[1ex] \delta k''' = (E\lambda''' + E_1\lambda'''_1 + E_2\lambda'''_2 + E_3\lambda'''_3)\cos(2l' - l) + (F\lambda''' + F_1\lambda'''_1 + F_2\lambda'''_2 + F_3\lambda'''_3)\cos l + \ldots; \end{cases}$$

Le calcul des termes dépendants de $\mathcal{L}$ se fera de la même manière. Si l'on pose, pour simplifier les formules,

$$Q = 5\left\{\, P\,[o] + P'\lambda'\,[1] + P''\lambda''\,[2] + P'''\lambda'''\,[3] \right\} \frac{1}{2\mathfrak{N}-2g},$$

$$Q_1 = 5\left\{\, P\,[o] + P'\lambda'_1\,[1] + P''\lambda''_1\,[2] + P'''\lambda'''_1\,[3] \right\} \frac{1}{2\mathfrak{N}-g-g_1},$$

$$Q_2 = 5\left\{\, P\,[o] + P'\lambda'_2\,[1] + P''\lambda''_2\,[2] + P'''\lambda'''_2\,[3] \right\} \frac{1}{2\mathfrak{N}-g-g_2},$$

$$Q_3 = 5\left\{\, P\,[o] + P'\lambda'_3\,[1] + P''\lambda''_3\,[2] + P'''\lambda'''_3\,[3] \right\} \frac{1}{2\mathfrak{N}-g-g_3},$$

$$Q' = 5\left\{\, P_1\,[o] + P'_1\lambda'\,[1] + P''_1\lambda''\,[2] + P'''_1\lambda'''\,[3] \right\} \frac{1}{2\mathfrak{N}-g_1-g},$$

$$Q'_1 = 5\left\{\, P_1\,[o] + P'_1\lambda'_1\,[1] + P''_1\lambda''_1\,[2] + P'''_1\lambda'''_1\,[3] \right\} \frac{1}{2\mathfrak{N}-2g_1},$$

et ainsi de suite, l'indice de Q étant le même que celui des quantités $\lambda$, et l'accent de Q le même que l'indice des quantités P, on trouvera que les valeurs de $h$, $k$, $h'$,... données par les formules (7) ou (8) devront être augmentées encore des quantités respectives

$$\delta_1 h = (Q + Q' + Q'' + Q''')[-C\cos(2\mathcal{L}-gt) + D\sin(2\mathcal{L}-gt)]$$
$$+ (Q_1 + Q'_1 + Q''_1 + Q'''_1)[-C_1\cos(2\mathcal{L}-g_1 t) + D_1\sin(2\mathcal{L}-g_1 t)]$$
$$+ \ldots\ldots\ldots\ldots\ldots\ldots\ldots\ldots\ldots\ldots\ldots\ldots\ldots,$$

$$\delta_1 k = (Q + Q' + Q'' + Q''')[C\sin(2\mathcal{L}-gt) + D\cos(2\mathcal{L}-gt)]$$
$$+ (Q_1 + Q'_1 + Q''_1 + Q'''_1)[C_1\sin(2\mathcal{L}-g_1 t) + D_1\cos(2\mathcal{L}-g_1 t)].$$
$$+ \ldots\ldots\ldots\ldots\ldots\ldots\ldots\ldots\ldots\ldots\ldots\ldots\ldots,$$

les constantes C et D étant les mêmes que dans les formules (8).

Ou bien, si l'on veut revenir aux constantes M, $\beta$, $M_1$,... des formules (7), on aura les nouvelles formules

$$(15)\begin{cases} \delta_1 h = (Q + Q' + Q'' + Q''')M\sin(2\mathcal{L}-gt-\beta) + (Q_1+Q'_1+Q''_1+Q'''_1)M_1\sin(2\mathcal{L}-g_1 t-\beta_1) \\ \quad + (Q_2+Q'_2+Q''_2+Q'''_2)M_2\sin(2\mathcal{L}-g_2 t-\beta_2) + (Q_3+Q'_3+Q''_3+Q'''_3)M_3\sin(2\mathcal{L}-g_3 t-\beta_3), \\ \delta_1 h' = (Q + Q' + Q'' + Q''')\lambda' M\sin(2\mathcal{L}-gt-\beta) + (Q_1+Q'_1+Q''_1+Q'''_1)\lambda'_1 M_1\sin(2\mathcal{L}-g_1 t+\beta_1) + \ldots, \\ \delta_1 h'' = (Q + Q' + Q'' + Q''')\lambda'' M\sin(2\mathcal{L}-gt-\beta) + (Q_1+Q'_1+Q''_1+Q'''_1)\lambda''_1 M_1\sin(2\mathcal{L}-g_1 t-\beta_1) + \ldots, \\ \delta_1 h''' = (Q + Q' + Q'' + Q''')\lambda''' M\sin(2\mathcal{L}-gt-\beta) + (Q_1+Q'_1+Q''_1+Q'''_1)\lambda'''_1 M_1\sin(2\mathcal{L}-g_1 t+\beta_1) + \ldots, \\ \delta_1 k = (Q + Q' + Q'' + Q''')M\cos(2\mathcal{L}-gt-\beta) + (Q_1+Q'_1+Q''_1+Q'''_1)M_1\cos(2\mathcal{L}-g_1 t-\beta_1) \\ \quad + (Q_2+Q'_2+Q''_2+Q'''_2)M_2\cos(2\mathcal{L}-g_2 t-\beta_2) + (Q_3+Q'_3+Q''_3+Q'''_3)M_3\cos(2\mathcal{L}-g_3 t-\beta_3), \\ \delta_1 k' = (Q + Q' + Q'' + Q''')\lambda' M\cos(2\mathcal{L}-gt-\beta) + (Q_1+Q'_1+Q''_1+Q'''_1)\lambda'_1 M_1\cos(2\mathcal{L}-g_1 t-\beta_1) + \ldots, \\ \ldots\ldots\ldots\ldots\ldots\ldots\ldots\ldots\ldots\ldots\ldots\ldots\ldots\ldots\ldots\ldots \end{cases}$$

8*

Les formules (15), jointes aux formules (7) et (14), donneront les valeurs complètes des quantités $h$, $k$, $h'$, .... En les substituant dans les expressions

$$-a(k \cos l + h \sin l), \quad 2(k \sin l - h \cos l),$$

on obtiendra les termes des rayons vecteurs et des longitudes qui dépendent des variations séculaires des éléments. Les valeurs (7) donneront pour le premier satellite

$$\delta r = -a \mathrm{M} \cos(l - gt - \beta) - a \mathrm{M}_i \cos(l - g_i t - \beta_i) - \ldots,$$
$$\delta v = 2 \mathrm{M} \sin(l - gt - \beta) + 2 \mathrm{M}_i \sin(l - g_i t - \beta_i) + \ldots,$$

et des formules analogues pour les trois autres. Ces inégalités sont celles qu'on trouve dans Laplace (liv. VIII, n° 6); mais il y aura peut-être lieu à tenir compte aussi des formules (14) et (15).

32. Lorsqu'on fait abstraction des termes donnés par les formules (15), la détermination des constantes $\mathrm{M}$, $\mathrm{M}_i$, ..., $\beta$, $\beta_i$, .... peut se faire par le moyen connu; elle est moins simple lorsqu'on y a égard, mais il n'y a d'autre difficulté que la longueur des calculs.

Si l'on ne voulait pas tenir compte des termes en $\mathcal{L}$ qui entrent dans les équations différentielles, il ne serait pas nécessaire de recourir à la variation des constantes pour en obtenir les intégrales complètes. Il suffirait pour cela de poser

$$h = \mathrm{P} \sin(2l' - l) + \mathrm{Q} \sin l + \mathrm{R} \sin l' + \mathrm{S} \sin l'' + \mathrm{T} \sin l''' + \mathrm{M} \sin(gt + \beta),$$
$$h' = \mathrm{P}' \sin(2l' - l) + \mathrm{Q}' \sin l + \mathrm{R}' \sin l' + \mathrm{S}' \sin l'' + \mathrm{T}' \sin l''' + \mathrm{M}' \sin(gt + \beta),$$
$$\ldots\ldots\ldots\ldots\ldots\ldots\ldots\ldots\ldots\ldots\ldots\ldots\ldots\ldots\ldots\ldots,$$
$$k = \mathrm{P} \cos(2l' - l) + \mathrm{Q} \cos l + \mathrm{R} \cos l' + \mathrm{S} \cos l'' + \mathrm{T} \cos l''' + \mathrm{M} \cos(gt + \beta),$$
$$\ldots\ldots\ldots\ldots\ldots\ldots\ldots\ldots\ldots\ldots\ldots\ldots\ldots\ldots\ldots\ldots,$$

En substituant ces valeurs dans les équations (1), (2), (3), (4) privées de leurs termes en $\mathcal{L}$, et égalant à zéro les coefficients des mêmes sinus ou cosinus, il viendrait les systèmes d'équations suivants entre les divers coefficients :

$$(\mathrm{P}) \begin{cases} \{2n' - n - (0,1) - (0,2) - (0,3) - (0) - [0]\} \mathrm{P} + [0,1]\mathrm{P}' + [0,2]\mathrm{P}'' + [0,3]\mathrm{P}''' = \dfrac{m' an}{\mu} \mathrm{A}, \\[2mm] [1,0]\mathrm{P} + \{2n' - n - (1,0) - (1,2) - (1,3) - (1) - [1]\} \mathrm{P}' + [1,2]\mathrm{P}'' + [1,3]\mathrm{P}''' \\[2mm] \qquad\qquad = \dfrac{a' n'}{\mu'}\left[ m\left(\mathrm{B} - \dfrac{a'}{2a'}\right) - m'' \mathrm{A}' \right], \\[2mm] [2,0]\mathrm{P} + [2,1]\mathrm{P}' + \{2n' - n - (2,0) - \ldots - (2) - [2]\} \mathrm{P}'' + [2,3]\mathrm{P}''' = -\dfrac{m' a'' n''}{\mu''}\left(\mathrm{B}' - \dfrac{a''}{2a'^2}\right), \\[2mm] [3,0]\mathrm{P} + [3,1]\mathrm{P}' + [3,2]\mathrm{P}'' + \{2n' - n - (3,0) - (3,1) - (3,2) - (3) - [3]\} \mathrm{P}''' = 0; \end{cases}$$

$$(\mathrm{Q}) \begin{cases} \{n - (0,1) - (0,2) - (0,3) - (0) - [0]\} \mathrm{Q} + [0,1]\mathrm{Q}' + [0,2]\mathrm{Q}'' + [0,3]\mathrm{Q}''' = (0), \\[2mm] [1,0]\mathrm{Q} + \{n - (1,0) - (1,2) - (1,3) - (1) - [1]\} \mathrm{Q}' + [1,2]\mathrm{Q}'' + [1,3]\mathrm{Q}''' = 0, \\[2mm] [2,0]\mathrm{Q} + [2,1]\mathrm{Q}' + \{n - (2,0) - (2,1) - (2,3) - (2) - [2]\} \mathrm{Q}'' + [2,3]\mathrm{Q}''' = 0, \\[2mm] [3,0]\mathrm{Q} + [3,1]\mathrm{Q}' + [3,2]\mathrm{Q}'' + \{n - (3,0) - (3,1) - (3,2) - (3) - [3]\} \mathrm{Q}''' = 0. \end{cases}$$

Viennent ensuite trois groupes pareils à (Q), et qui s'en déduisent en y remplaçant $n$, Q successivement par $n'$, R, par $n''$, S, par $n'''$, T pour les premiers membres : quant aux seconds membres, ils sont nuls, excepté pour la seconde équation du premier groupe où l'on aura (1), pour la troisième équation du second groupe où l'on aura (2), et pour la quatrième équation du dernier groupe où l'on aura (3).

Enfin, entre les coefficients M, M',... on aura les équations (6) du n° **29**, d'où l'on déduira encore les termes contenus dans les formules (7).

Les cinq autres systèmes d'équations détermineront en fonction de quantités toutes connues, et sans laisser d'arbitraires, les coefficients P, Q, R, S, T, P',.... Les premiers membres de ces équations étant les mêmes dans tous les systèmes, sauf l'échange des quantités $2n' - n, n, n', n'', n'''$, il en résultera des simplifications pour le calcul des coefficients.

Si l'on pose généralement

$$f(z) = \begin{vmatrix} z - (0,1) - \ldots - (0) - [0] & [0,1] & [0,2] & [0,3] \\ [1,0] & z - (1,0) - \ldots - (1) - [1] & [1,2] & [1,3] \\ [2,0] & [2,1] & z - (2,0) - \ldots - (2) - [2] & [2,3] \\ [3,0] & [3,1] & [3,2] & z - (3,0) - \ldots - (3) - [3] \end{vmatrix},$$

l'équation qui détermine $g, g_1, g_2, g_3$ sera $f(z) = 0$; les valeurs de P, P', P'', P''' auront pour dénominateur commun $f(2n' - n)$, celles de Q, Q', Q'', Q''' auront $f(n)$ et ainsi de suite. On voit donc qu'à part le cas très-peu probable où l'une des racines $g, g_1, g_2, g_3$ serait égale à l'un des nombres $2n' - n, n, n', n'', n'''$, les coefficients P, P',..., Q, Q',..., R, R',... s'obtiendront sans impossibilité ni indétermination.

---

# CHAPITRE V.

INÉGALITÉS SÉCULAIRES ET A LONGUES PÉRIODES DES INCLINAISONS ET DES LONGITUDES DES NŒUDS.

---

**33.** Les formules générales qui expriment les variations des éléments $\varpi$ et $\theta$ peuvent, comme dans la recherche des inégalités périodiques, se réduire aux suivantes :

$$\frac{d\varphi}{dt} = -\frac{1}{na^2}\frac{1}{\varphi}\frac{d\Omega}{d\theta}, \quad \frac{d\theta}{dt} = \frac{1}{na^2}\frac{1}{\varphi}\frac{d\Omega}{d\varphi}.$$

Par suite, les termes utiles des diverses fonctions perturbatrices, en se bornant au second ordre par rapport aux inclinaisons, seront donnés par les expressions suivantes :

*Premier satellite.*

$$R_{(0,1)} = -\frac{1}{8} B^{(1)} \left[ \varphi^2 - 2\varphi\varphi' \cos(\theta - \theta') \right]$$
$$+ \frac{1}{8} B^{(3)} \left[ \varphi^2 \cos(4l' - 2l - 2\theta) - 2\varphi\varphi' \cos(4l' - 2l - \theta - \theta') \right],$$

$$R_{(0,2)} = -\frac{1}{8} \dot{B}^{(1)} \left[ \varphi^2 - 2\varphi\varphi'' \cos(\theta - \theta'') \right],$$

$$R_{(0,3)} = -\frac{1}{8} \ddot{B}^{(1)} \left[ \varphi^2 - 2\varphi\varphi''' \cos(\theta - \theta''') \right],$$

$$R_{(0,s)} = -\frac{3}{8} \frac{a^2}{\mathcal{A}^3} \left[ \varphi^2 - 2\varphi\Phi \cos(\theta - \Theta) \right] + \frac{3}{8} \frac{a^2}{\mathcal{A}^3} \left[ \varphi^2 \cos(2\mathcal{L} - 2\theta) - 2\varphi\Phi \cos(2\mathcal{L} - \theta - \Theta) \right],$$

$$V = -\frac{1}{2} \frac{K}{a^3} \left[ \varphi^2 + 2\varphi\omega \cos(\psi + \theta) \right] + \frac{K}{2a^3} \left[ \varphi^2 \cos(2l - 2\theta) + 2\varphi\omega \cos(2l + \psi - \theta) \right].$$

*Second satellite.*

$$R_{(1,0)} = -\frac{1}{8} B^{(1)} \left[ \varphi'^2 - 2\varphi\varphi' \cos(\theta - \theta') \right]$$
$$+ \frac{1}{8} B^{(3)} \left[ \varphi'^2 \cos(4l' - 2l - 2\theta') - 2\varphi\varphi' \cos(4l' - 2l - \theta - \theta') \right],$$

$$R_{(1,2)} = -\frac{1}{8} B'^{(1)} \left[ \varphi'^2 - 2\varphi'\varphi'' \cos(\theta' - \theta'') \right]$$
$$+ \frac{1}{8} B'^{(3)} \left[ \varphi'^2 \cos(4l'' - 2l' - 2\theta') - 2\varphi'\varphi'' \cos(4l'' - 2l' - \theta' - \theta'') \right],$$

$$R_{(1,3)} = -\frac{1}{8} \dot{B}'^{(1)} \left[ \varphi'^2 - 2\varphi'\varphi''' \cos(\theta' - \theta''') \right],$$

$R_{(1,s)}$ et $V'$ se déduisent de $R_{(0,s)}$ et $V$ en remplaçant les éléments du premier satellite par ceux du second.

*Troisième satellite.*

$$R_{(2,0)} = -\frac{1}{8} \dot{B}^{(1)} \left[ \varphi''^2 - 2\varphi\varphi'' \cos(\theta - \theta'') \right],$$

$$R_{(2,1)} = -\frac{1}{8} B'^{(1)} \left[ \varphi''^2 - 2\varphi'\varphi'' \cos(\theta' - \theta'') \right]$$
$$+ \frac{1}{8} B'^{(3)} \left[ \varphi''^2 \cos(4l'' - 2l' - 2\theta'') - 2\varphi'\varphi'' \cos(4l'' - 2l' - \theta' - \theta'') \right],$$

$$R_{(2,3)} = -\frac{1}{8} B''^{(1)} \left[ \varphi''^2 - 2\varphi''\varphi''' \cos(\theta'' - \theta''') \right],$$

$R_{(2,s)}$ et $V''$ se déduisent de $R_{(0,s)}$ et $V$ par de simples additions d'accents.

*Quatrième satellite.*

$$R_{(3,0)} = -\frac{1}{8}\,\ddot{B}^{(1)}\,[\varphi'''^2 - 2\varphi\varphi'''\cos(\theta - \theta''')],$$

$$R_{(3,1)} = -\frac{1}{8}\,\dot{B}'^{(1)}\,[\varphi'''^2 - 2\varphi'\varphi'''\cos(\theta' - \theta''')],$$

$$R_{(3,2)} = -\frac{1}{8}\,B''^{(1)}\,[\varphi'''^2 - 2\varphi''\varphi'''\cos(\theta'' - \theta''')],$$

$R_{(3,4)}$ et $V'''$ se déduisent de $R_{(3,1)}$ et $V$ par des additions d'accents.

En effectuant les calculs on trouve pour le premier satellite les deux équations

$$\frac{d\varphi}{dt} = (0,1)\,\varphi'\sin(\theta - \theta') + (0,2)\,\varphi''\sin(\theta - \theta'') + (0,3)\,\varphi'''\sin(\theta - \theta''')$$
$$+\,[0]\,\Phi\sin(\theta - \Theta) - (0)\,\omega\sin(\psi + \theta)$$
$$-\,\frac{m'an}{\mu}\,\frac{B^{(2)}}{4}\,[\varphi\sin(4l' - 2l - 2\theta) - \varphi'\sin(4l' - 2l - \theta - \theta')]$$
$$-\,[0]\,[\varphi\sin(2\mathcal{L} - 2\theta) - \Phi\sin(2\mathcal{L} - \theta - \Theta)]$$
$$-\,(0)\,[\varphi\sin(2l - 2\theta) + \omega\sin(2l + \psi - \theta)],$$

$$\varphi\,\frac{d\theta}{dt} = -\{(0,1) + (0,2) + (0,3) + (0) + [0]\}\,\varphi$$
$$+\,(0,1)\,\varphi'\cos(\theta - \theta') + (0,2)\,\varphi''\cos(\theta - \theta'') + (0,3)\,\varphi'''\cos(\theta - \theta''')$$
$$+\,[0]\,\Phi\cos(\theta - \Theta) - (0)\,\omega\cos(\psi + \theta)$$
$$+\,\frac{m'an}{\mu}\,\frac{B^{(3)}}{4}\,[\varphi\cos(4l' - 2l - 2\theta) - \varphi'\cos(4l' - 2l - \theta - \theta')]$$
$$+\,[0]\,[\varphi\cos(2\mathcal{L} - 2\theta) - \Phi\cos(2\mathcal{L} - \theta - \Theta)]$$
$$+\,(0)\,[\varphi\cos(2l - 2\theta) + \omega\cos(2l + \psi - \theta)],$$

les coefficients $(0,1)$, $(0,2)$,..., $(0)$,..., $[0]$,... ayant la même valeur que dans le chapitre IV.

Remplaçons les variables $\varphi$, $\theta$, $\varphi'$,... par les variables $p$, $q$, $p'$,... liées aux premières par les relations

$$\left\{\begin{aligned} p &= \varphi\sin\theta, \quad p' = \varphi'\sin\theta',\ldots, \\ q &= \varphi\cos\theta, \quad q' = \varphi'\cos\theta',\ldots, \end{aligned}\right. \quad \text{d'où} \quad \left\{\begin{aligned} \frac{dp}{dt} &= \frac{d\varphi}{dt}\sin\theta + \varphi\frac{d\theta}{dt}\cos\theta,\ldots, \\ \frac{dq}{dt} &= \frac{d\varphi}{dt}\cos\theta - \varphi\frac{d\theta}{dt}\sin\theta,\ldots. \end{aligned}\right.$$

Posons également

$$\Phi\sin\Theta = \mathcal{P}, \quad \Phi\cos\Theta = \mathcal{Q}, \quad \omega\sin\psi = p^{\mathrm{iv}}, \quad -\omega\cos\psi = q^{\mathrm{iv}}.$$

Au moyen des valeurs de $\dfrac{d\varphi}{dt}$ et de $\varphi\dfrac{d\theta}{dt}$ on formera aisément les valeurs de $\dfrac{dp}{dt}$ et

( 62 )

$\frac{dq}{dt}$, et de même au moyen des valeurs qu'on trouvera pour $\frac{d\varphi'}{dt}$ et $\varphi'\frac{d\theta'}{dt}$ on formera $\frac{dp'}{dt}$ et $\frac{dq'}{dt}$, et ainsi de suite.

Si l'on pose encore

$$\boxed{0,1} = \frac{m'an}{\mu}\frac{\mathbf{B}^{(3)}}{4}, \qquad \boxed{1,0} = \frac{ma'n'}{\mu'}\frac{\mathbf{B}^{(3)}}{4},$$

$$\boxed{1,2} = \frac{m''a'n'}{\mu'}\frac{\mathbf{B}'^{(3)}}{4}, \qquad \boxed{2,1} = \frac{m'a''n''}{\mu''}\frac{\mathbf{B}'^{(3)}}{4},$$

on obtiendra entre les variables $p$, $q$, $p'$,... les huit équations différentielles

(t)

$$\frac{dp}{dt} = -\big\{(0,1)+(0,2)+(0,3)+(0)+[0]\big\}q +(0,1)q'+(0,2)q''+(0,3)q'''+(0)q^{\text{iv}}+[0]\mathfrak{Q}$$
$$+[0][(q-\mathfrak{Q})\cos 2\mathfrak{L}+(p-\mathfrak{P})\sin 2\mathfrak{L}]+\boxed{0,1}[(q-q')\cos(4l'-2l)+(p-p')\sin(4l'-2l)]$$
$$+(0)[(q-q^{\text{iv}})\cos 2l+(p-p^{\text{iv}})\sin 2l],$$

$$\frac{dp'}{dt} = -\big\{(1,0)+(1,2)+(1,3)+(1)+[1]\big\}q'+(1,0)q+(1,2)q''+(1,3)q'''+(1)q^{\text{iv}}+[1]\mathfrak{Q}$$
$$+[1][(q'-\mathfrak{Q})\cos 2\mathfrak{L}+(p'-\mathfrak{P})\sin 2\mathfrak{L}]+\boxed{1,0}[(q'-q)\cos(4l'-2l)+(p'-p)\sin(4l'-2l)]$$
$$+\boxed{1,2}[(q'-q'')\cos(4l''-2l')+(p'-p'')\sin(4l''-2l')]+(1)[(q'-q^{\text{iv}})\cos 2l'+(p'-p^{\text{iv}})\sin 2l'],$$

$$\frac{dp''}{dt} = -\big\{(2,0)+(2,1)+(2,3)+(2)+[2]\big\}q''+(2,0)q+(2,1)q'+(2,3)q'''+(2)q^{\text{iv}}+[2]\mathfrak{Q}$$
$$+[2][(q''-\mathfrak{Q})\cos 2\mathfrak{L}+(p''-\mathfrak{P})\sin 2\mathfrak{L}]+\boxed{2,1}[(q''-q')\cos(4l''-2l')+(p''-p')\sin(4l''-2l')]$$
$$+(2)[(q''-q^{\text{iv}})\cos 2l''+(p''-p^{\text{iv}})\sin 2l''],$$

$$\frac{dp'''}{dt} = -\big\{(3,0)+(3,1)+(3,2)+(3)+[3]\big\}q'''+(3,0)q+(3,1)q'+(3,2)q''+(3)q^{\text{iv}}+[3]\mathfrak{Q}$$
$$+[3][(q'''-\mathfrak{Q})\cos 2\mathfrak{L}+(p'''-\mathfrak{P})\sin 2\mathfrak{L}]+(3)[(q'''-q^{\text{iv}})\cos 2l'''+(p'''-p^{\text{iv}})\sin 2l'''],$$

$$\frac{dq}{dt} = \big\{(0,1)+(0,2)+(0,3)+(0)+[0]\big\}p -(0,1)p'-(0,2)p''-(0,3)p'''-(0)p^{\text{iv}}-[0]\mathfrak{P}$$
$$-[0][(q-\mathfrak{Q})\sin 2\mathfrak{L}-(p-\mathfrak{P})\cos 2\mathfrak{L}]-\boxed{0,1}[(q-q')\sin(4l'-2l)-(p-p')\cos(4l'-2l)]$$
$$-(0)[(q-q^{\text{iv}})\sin 2l-(p-p^{\text{iv}})\cos 2l],$$

$$\frac{dq'}{dt} = \big\{(1,0)+(1,2)+(1,3)+(1)+[1]\big\}p'-(1,0)p-(1,2)p''-(1,3)p'''-(1)p^{\text{iv}}-[1]\mathfrak{P}$$
$$-[1][(q'-\mathfrak{Q})\sin 2\mathfrak{L}-(p'-\mathfrak{P})\cos 2\mathfrak{L}]-\boxed{1,0}[(q'-q)\sin(4l'-2l)-(p'-p)\cos(4l'-2l)]$$
$$-\boxed{1,2}[(q'-q'')\sin(4l''-2l')-(p'-p'')\cos(4l''-2l')]-(1)[(q'-q^{\text{iv}})\sin 2l'-(p'-p^{\text{iv}})\cos 2l'],$$

$$\frac{dq''}{dt} = \big\{(2,0)+(2,1)+(2,3)+(2)+[2]\big\}p''-(2,0)p-(2,1)p'-(2,3)p'''-(2)p^{\text{iv}}-[2]\mathfrak{P}$$
$$-[2][(q''-\mathfrak{Q})\sin 2\mathfrak{L}-(p''-\mathfrak{P})\cos 2\mathfrak{L}]-\boxed{2,1}[(q''-q')\sin(4l''-2l')-(p''-p')\cos(4l''-2l')]$$
$$-(2)[(q''-q^{\text{iv}})\sin 2l''-(p''-p^{\text{iv}})\cos 2l''],$$

$$\frac{dq'''}{dt} = \big\{(3,0)+(3,1)+(3,2)+(3)+[3]\big\}p'''-(3,0)p-(3,1)p'-(3,2)p''-(3)p^{\text{iv}}-[3]\mathfrak{P}$$
$$-[3][(q'''-\mathfrak{Q})\sin 2\mathfrak{L}-(p'''-\mathfrak{P})\cos 2\mathfrak{L}]-(3)[(q'''-q^{\text{iv}})\sin 2l'''-(p'''-p^{\text{iv}})\cos 2l'''].$$

Dans ces huit équations différentielles il entre douze variables, savoir : $p$, $p'$, $p''$, $p'''$, $p^{iv}$, $\mathcal{P}$, $q$, $q'$, $q''$, $q'''$, $q^{iv}$, $\mathcal{Q}$ ; mais les quantités $\mathcal{P}$ et $\mathcal{Q}$ peuvent être regardées comme connues par la théorie de Jupiter, et elles ne dépendent pas sensiblement de l'attraction des satellites. Le nombre des inconnues se trouve ainsi réduit à 10, et nous allons obtenir entre ces inconnues deux nouvelles équations, savoir les équations qui régissent la précession des équinoxes de Jupiter et la nutation de son équateur par rapport au plan fixe.

34. Désignons toujours par $\omega$ l'inclinaison de l'équateur de Jupiter sur le plan fixe, et par $-\psi$ la longitude de son nœud descendant; désignons en outre par $i$ la vitesse de rotation, par A, B, C les trois moments d'inertie principaux relatifs au centre de gravité, C étant celui qui se rapporte à l'axe de rotation, et par U une fonction perturbatrice dont nous donnerons plus bas l'expression. Les équations que nous cherchons seront données par les formules de Poisson

$$\frac{d\omega}{dt} = \frac{1}{i\,C\sin\omega}\,\frac{dU}{d\psi}, \quad \frac{d\psi}{dt} = -\frac{1}{i\,C\sin\omega}\,\frac{dU}{d\omega}.$$

Ces formules ont été établies par Poisson de deux manières différentes dans deux Mémoires sur le mouvement de la Terre autour de son centre de gravité (*Journal de l'École Polytechnique*, XV$^e$ Cahier; *Mémoires de l'Académie des Sciences*, t. VII); elles ont été démontrées de nouveau par M. Serret dans son Mémoire relatif à la même question (*Annales de l'Observatoire impérial de Paris*, t. V).

Ces équations ne sont qu'approchées, mais on y néglige seulement des termes à très-courte période (comme la durée de la rotation de Jupiter ou ses parties aliquotes), ainsi que des quantités qui sont de l'ordre du carré des forces perturbatrices. Les forces perturbatrices du mouvement de rotation de Jupiter sont les attractions des satellites et du Soleil, et U désigne la *fonction* de ces forces.

Soient $m$ la masse de l'un des astres perturbateurs; $\xi$, $\eta$, $\zeta$ ses coordonnées par rapport à trois axes rectangulaires fixes $O\xi$, $O\eta$, $O\zeta$ menés par le centre de gravité de Jupiter et dont les deux premiers $O\xi$, $O\eta$ soient situés dans le plan fixe, $O\xi$ étant dirigé vers le point d'où se comptent les longitudes; $\xi_1$, $\eta_1$, $\zeta_1$ les coordonnées du même astre $m$ par rapport aux axes principaux d'inertie de Jupiter.

La partie de U qui provient de l'astre $m$ pourra (Serret, p. 257-259 et p. 303) être mise sous la forme

$$U = -\frac{3}{4}\frac{fm}{a^3}\,(2\,C - A - B)\left(\frac{a}{r}\right)^3\left(\frac{\zeta_1}{r}\right)^2,$$

$r$ étant, comme toujours, le rayon vecteur de $m$, et $a$ sa distance moyenne.

Nous allons développer la valeur de U en y introduisant les éléments elliptiques de *m*. On a, par les formules de la transformation des coordonnées,

$$\zeta_i = (\xi \sin\psi + \eta \cos\psi) \sin\omega + \zeta \cos\omega.$$

Mais si $v_i$ et $\lambda$ sont la longitude et la latitude jovicentriques de *m*, on a

$$\xi = r\cos\lambda\cos v_i, \quad \eta = r\cos\lambda\sin v_i, \quad \zeta = r\sin\lambda,$$

d'où

$$\frac{\zeta_i}{r} = \cos\lambda\sin(v_i + \psi)\sin\omega + \sin\lambda\cos\omega.$$

D'autre part, en désignant par $v$, $\varphi$, $\theta$ la longitude vraie, l'inclinaison et la longitude du nœud pour l'astre *m*, on a les formules

$$\cos\lambda\cos(v_i - \theta) = \cos(v - \theta), \quad \cos\lambda\sin(v_i - \theta) = \sin(v - \theta)\cos\varphi,$$
$$\sin\lambda = \sin(v - \theta)\sin\varphi;$$

si l'on ajoute les deux premières, multipliées respectivement par $\sin(\theta + \psi)$ et $\cos(\theta + \psi)$, il vient

$$\cos\lambda\sin(v_i + \psi) = \cos(v - \theta)\sin(\theta + \psi) + \sin(v - \theta)\cos(\theta + \psi)\cos\varphi$$
$$= \sin(v + \psi) - 2\sin(v - \theta)\cos(\theta + \psi)\sin^2\frac{\varphi}{2}.$$

On aura donc, en substituant,

$$\frac{\zeta_i}{r} = \sin(v + \psi)\sin\omega + \sin(v - \theta)\sin\varphi\cos\omega - 2\sin(v - \theta)\cos(\theta + \psi)\sin\omega\sin^2\frac{\varphi}{2}.$$

Observons que l'angle $\omega$ est du même ordre de grandeur que l'angle $\varphi$; en nous bornant aux termes qui dépendent des carrés ou du produit de ces quantités, nous obtiendrons

$$\left(\frac{\zeta_i}{r}\right)^2 = \frac{1}{2}\sin^2\omega\left[1 - \cos(2v + 2\psi)\right] + \frac{1}{2}\sin\varphi\sin2\omega\left[\cos(\psi + \theta) - \cos(2v + \psi - \theta)\right],$$

formule dans laquelle nous avons supprimé le terme $\sin^2(v - \theta)\sin^2\varphi$, qui ne contient ni $\psi$ ni $\omega$. Dans cette formule nous remplacerons la longitude vraie $v$ par la longitude moyenne $l$, car tous les termes étant déjà du second ordre par rapport aux inclinaisons, on peut y négliger les excentricités : il viendra en conséquence

$$\left(\frac{\zeta_i}{r}\right)^2 = \frac{1}{2}\sin^2\omega\left[1 - \cos(2l + 2\psi)\right] + \frac{1}{2}\sin\varphi\sin2\omega\left[\cos(\psi + \theta) - \cos(2l + \psi - \theta)\right].$$

Pour la même raison le facteur $\left(\dfrac{a}{r}\right)^3$, qui a pour valeur

$$[1 + e\cos(l - \varpi) + e^2\cos(2l - 2\varpi) + \ldots]^3 = 1 + 3e\cos(l - \varpi) + \ldots,$$

peut être réduit simplement à l'unité. On aura donc enfin

$$U = \frac{3}{8}\frac{fm}{a^3}(2C - A - B)\left[-\sin^2\omega - \varphi\sin 2\omega\cos(\psi + \theta)\right.$$
$$\left. + \sin^2\omega\cos(2l + 2\psi) + \varphi\sin 2\omega\cos(2l + \psi - \theta)\right]$$

pour la partie de la fonction des forces perturbatrices qui provient de l'action de l'astre $m$. Il faudra ajouter au second membre, pour avoir la valeur complète de U, autant de groupes pareils au précédent qu'il y a de corps perturbateurs. Il y aura donc un groupe pour chaque satellite et un groupe pour le Soleil, car ce sont les seuls astres influents, le dernier à cause de sa masse et les premiers à cause de leur proximité. Mais puisque nous cherchons seulement les inégalités à longues périodes, les termes dont l'argument contient $2l$ ne devront être conservés que pour le Soleil.

En substituant dans les formules de Poisson les valeurs de $\dfrac{dU}{d\psi}$, $\dfrac{dU}{d\omega}$, nous obtiendrons les deux équations

$$\frac{d\omega}{dt} = \frac{3f(2C - A - B)}{4iC}\left\{\frac{m}{a^3}\varphi\sin(\theta + \psi) + \frac{m'}{a'^3}\varphi'\sin(\theta' + \psi)\right.$$
$$+ \frac{m''}{a''^3}\varphi''\sin(\theta'' + \psi) + \frac{m'''}{a'''^3}\varphi'''\sin(\theta''' + \psi)$$
$$\left. + \frac{\mathfrak{M}}{\mathfrak{a}^3}[\Phi\sin(\Theta + \psi) - \omega\sin(2\mathcal{L} + 2\psi) - \Phi\sin(2\mathcal{L} + \psi - \Theta)]\right\},$$

$$(\omega)\quad \frac{d\psi}{dt} = \frac{3f(2C - A - B)}{4iC}\left\{\left(\frac{m}{a^3} + \frac{m'}{a'^3} + \ldots + \frac{\mathfrak{M}}{\mathfrak{a}^3}\right)\omega + \frac{m}{a^3}\varphi\cos(\theta + \psi) + \frac{m'}{a'^3}\varphi'\cos(\theta' + \psi)\right.$$
$$+ \frac{m''}{a''^3}\varphi''\cos(\theta'' + \psi) + \frac{m'''}{a'''^3}\varphi'''\cos(\theta''' + \psi)$$
$$\left. + \frac{\mathfrak{M}}{\mathfrak{a}^3}[\Phi\cos(\Theta + \psi) - \omega\cos(2\mathcal{L} + 2\psi) - \Phi\cos(2\mathcal{L} + \psi - \Theta)]\right\}.$$

Mais on a

$$\frac{d.\omega\sin\psi}{dt} = \sin\psi\frac{d\omega}{dt} + \cos\psi.\omega\frac{d\psi}{dt},$$
$$\frac{d.\omega\cos\psi}{dt} = \cos\psi\frac{d\omega}{dt} - \sin\psi.\omega\frac{d\psi}{dt};$$

si dans ces formules on remplace $\dfrac{d\omega}{dt}$ et $\omega\,\dfrac{d\psi}{dt}$ par les valeurs précédentes, et si l'on pose, pour abréger,

$$\textcircled{0}=\frac{3f(2C-A-B)}{4iC}\frac{m}{a^3},\qquad \textcircled{1}=\frac{3f(2C-A-B)}{4iC}\frac{m'}{a'^3},\ \dots,\qquad \textcircled{s}=\frac{3f(2C-A-B)}{4iC}\frac{\mathfrak{M}}{\mathfrak{a}^3},$$

on obtiendra les deux équations

$$(2)\ \begin{cases}
\dfrac{dp^{\text{iv}}}{dt}=-(\textcircled{0}+\textcircled{1}+\textcircled{2}+\textcircled{3}+\textcircled{s})\,q^{\text{iv}}+\textcircled{0}\,q+\textcircled{1}\,q'+\textcircled{2}\,q''+\textcircled{3}\,q'''+\textcircled{s}\,\mathfrak{Q}\\[4pt]
\qquad +\textcircled{s}\,[(q^{\text{iv}}-\mathfrak{Q})\cos 2\mathfrak{C}+(p^{\text{iv}}-\mathfrak{P})\sin 2\mathfrak{C}],\\[6pt]
\dfrac{dq^{\text{iv}}}{dt}=(\textcircled{0}+\textcircled{1}+\textcircled{2}+\textcircled{3}+\textcircled{s})\,p^{\text{iv}}-\textcircled{0}\,p-\textcircled{1}\,p'-\textcircled{2}\,p''-\textcircled{3}\,p'''-\textcircled{s}\,\mathfrak{P}\\[4pt]
\qquad -\textcircled{s}\,[(q^{\text{iv}}-\mathfrak{Q})\sin 2\mathfrak{C}-(p^{\text{iv}}-\mathfrak{P})\cos 2\mathfrak{C}].
\end{cases}$$

**35.** Les équations $(2)$ sont tout à fait de même forme que les équations $(1)$, et elles forment avec ces dernières un système de dix équations différentielles simultanées entre les dix variables $p,\ p',\ p'',\ p''',\ p^{\text{iv}},\ q,\ q',\ q'',\ q''',\ q^{\text{iv}}$, auxquelles on peut appliquer la méthode du chapitre IV.

Commençons par négliger dans ces équations les termes périodiques et les termes en $\mathfrak{P}$ et $\mathfrak{Q}$ : il viendra le système d'équations linéaires

$$(3)\ \begin{cases}
\dfrac{dp}{dt}=-\{(0,1)+(0,2)+(0,3)+(0)+[0]\}\,q+(0,1)\,q'+(0,2)\,q''+(0,3)\,q'''+(0)\,q^{\text{iv}},\\[6pt]
\dfrac{dp'}{dt}=-\{(1,0)+(1,2)+(1,3)+(1)+[1]\}\,q'+(1,0)\,q+(1,2)\,q''+(1,3)\,q'''+(1)\,q^{\text{iv}},\\[6pt]
\dfrac{dp''}{dt}=-\{(2,0)+(2,1)+(2,3)+(2)+[2]\}\,q''+(2,0)\,q+(2,1)\,q'+(2,3)\,q'''+(2)\,q^{\text{iv}},\\[6pt]
\dfrac{dp'''}{dt}=-\{(3,0)+(3,1)+(3,2)+(3)+[3]\}\,q'''+(3,0)\,q+(3,1)\,q'+(3,2)\,q''+(3)\,q^{\text{iv}},\\[6pt]
\dfrac{dp^{\text{iv}}}{dt}=-(\textcircled{0}+\textcircled{1}+\textcircled{2}+\textcircled{3}+\textcircled{s})\,q^{\text{iv}}+\textcircled{0}\,q+\textcircled{1}\,q'+\textcircled{2}\,q''+\textcircled{3}\,q''';\\[6pt]
\dfrac{dq}{dt}=\{(0,1)+(0,2)+(0,3)+(0)+[0]\}\,p-(0,1)\,p'-(0,2)\,p''-(0,3)\,p'''-(0)\,p^{\text{iv}},\\[6pt]
\dots\dots\dots\dots\dots\dots\dots\dots\dots\dots\dots\dots\dots\dots\dots\dots
\end{cases}$$

Ces équations, augmentées des termes $[0]\,\mathfrak{Q}$, $[0]\,\mathfrak{P},\dots$, sont celles qu'on obtiendrait si l'on cherchait seulement les inégalités séculaires.

L'intégrale de ce système sera donnée par les formules

$$
(4)\quad
\begin{cases}
p = \; \mathrm{N}\sin(bt+\gamma) + \; \mathrm{N}_1\sin(b_1 t+\gamma_1) \\
\qquad + \mathrm{N}_2\sin(b_2 t+\gamma_2) + \; \mathrm{N}_3\sin(b_3 t+\gamma_3) + \; \mathrm{N}_4\sin(b_4 t+\gamma_4), \\
p' = \alpha'\,\mathrm{N}\sin(bt+\gamma) + \alpha'_1\,\mathrm{N}_1\sin(b_1 t+\gamma_1) \\
\qquad + \alpha'_2\,\mathrm{N}_2\sin(b_2 t+\gamma_2) + \alpha'_3\,\mathrm{N}_3\sin(b_3 t+\gamma_3) + \alpha'_4\,\mathrm{N}_4\sin(b_4 t+\gamma_4), \\
\ldots\ldots\ldots\ldots\ldots\ldots\ldots\ldots\ldots\ldots\ldots\ldots\ldots\ldots\ldots\ldots\ldots, \\
p^{\mathrm{iv}} = \alpha^{\mathrm{iv}}\mathrm{N}\sin(bt+\gamma) + \alpha^{\mathrm{iv}}_1\mathrm{N}_1\sin(b_1 t+\gamma_1) + \ldots + \alpha^{\mathrm{iv}}_4\mathrm{N}_4\sin(b_4 t+\gamma_4); \\
q = \; \mathrm{N}\cos(bt+\gamma) + \; \mathrm{N}_1\cos(b_1 t+\gamma_1) + \ldots + \; \mathrm{N}_4\cos(b_4 t+\gamma_4), \\
q' = \alpha'\,\mathrm{N}\cos(bt+\gamma) + \alpha'_1\,\mathrm{N}_1\cos(b_1 t+\gamma_1) + \ldots + \alpha'_4\,\mathrm{N}_4\cos(b_4 t+\gamma_4), \\
\ldots\ldots\ldots\ldots\ldots\ldots\ldots\ldots\ldots\ldots\ldots\ldots\ldots\ldots\ldots\ldots \\
q^{\mathrm{iv}} = \alpha^{\mathrm{iv}}\mathrm{N}\cos(bt+\gamma) + \alpha^{\mathrm{iv}}_1\mathrm{N}_1\cos(b_1 t+\gamma_1) + \ldots + \alpha^{\mathrm{iv}}_4\mathrm{N}_4\cos(b_4 t+\gamma_4).
\end{cases}
$$

Dans ces formules, $\mathrm{N}$, $\mathrm{N}_1$, $\mathrm{N}_2$, $\mathrm{N}_3$, $\mathrm{N}_4$, $\gamma$, $\gamma_1$, $\gamma_2$, $\gamma_3$, $\gamma_4$ sont dix constantes arbitraires; $b$, $b_1$, $b_2$, $b_3$, $b_4$ sont les racines de l'équation du cinquième degré en $b$ qu'on obtient en éliminant $\mathrm{N}$, $\mathrm{N}'$, $\mathrm{N}''$, $\mathrm{N}'''$, $\mathrm{N}^{\mathrm{iv}}$ entre les équations

$$
(5)\quad
\begin{cases}
-\{b+(0,1)+(0,2)+(0,3)+(0)+[0]\}\mathrm{N} + (0,1)\mathrm{N}' + (0,2)\mathrm{N}'' + (0,3)\mathrm{N}''' + (0)\mathrm{N}^{\mathrm{iv}} = 0, \\
(1,0)\mathrm{N} - \{b+(1,0)+(1,2)+(1,3)+(1)+[1]\}\mathrm{N}' + (1,2)\mathrm{N}'' + (1,3)\mathrm{N}''' + (1)\mathrm{N}^{\mathrm{iv}} = 0, \\
(2,0)\mathrm{N} + (2,1)\mathrm{N}' - \{b+(2,0)+(2,1)+(2,3)+(2)+[2]\}\mathrm{N}'' + (2,3)\mathrm{N}''' + (2)\mathrm{N}^{\mathrm{iv}} = 0, \\
(3,0)\mathrm{N} + (3,1)\mathrm{N}' + (3,2)\mathrm{N}'' - \{b+(3,0)+(3,1)+(3,2)+(3)+[3]\}\mathrm{N}''' + (3)\mathrm{N}^{\mathrm{iv}} = 0, \\
\textcircled{0}\,\mathrm{N} + \textcircled{1}\,\mathrm{N}' + \textcircled{2}\,\mathrm{N}'' + \textcircled{3}\,\mathrm{N}''' - \{b+\textcircled{0}+\textcircled{1}+\textcircled{2}+\textcircled{3}+\textcircled{4}\}\mathrm{N}^{\mathrm{iv}} = 0.
\end{cases}
$$

Cette équation du cinquième degré est d'ailleurs

$$
(6)\quad
\begin{vmatrix}
-\{b+(0,1)+\ldots+[0]\} & (0,1) & (0,2) & (0,3) & (0) \\
(1,0) & -\{b+(1,0)+\ldots+[1]\} & (1,2) & (1,3) & (1) \\
(2,0) & (2,1) & -\{b+(2,0)+\ldots+[2]\} & (2,3) & (2) \\
(3,0) & (3,1) & (3,2) & -\{b+(3,0)+\ldots+[3]\} & (3) \\
\textcircled{0} & \textcircled{1} & \textcircled{2} & \textcircled{3} & -\{b+\textcircled{0}+\ldots+\textcircled{4}\}
\end{vmatrix}
= 0
$$

Les nombres $\alpha'$, $\alpha''$, $\alpha'''$, $\alpha^{\mathrm{iv}}$ sont les valeurs des rapports $\dfrac{\mathrm{N}'}{\mathrm{N}}$, $\dfrac{\mathrm{N}''}{\mathrm{N}}$, $\dfrac{\mathrm{N}'''}{\mathrm{N}}$, $\dfrac{\mathrm{N}^{\mathrm{iv}}}{\mathrm{N}}$ qu'on déduit des équations (5) en y substituant la première valeur de $b$; de même les nombres $\alpha'_1$, $\alpha''_1$, $\alpha'''_1$, $\alpha^{\mathrm{iv}}_1$ sont les valeurs des mêmes rapports relatives à la racine $b_1$, et de même pour les trois autres racines.

L'équation (6) n'a pas de racine nulle : cette différence avec l'équation analogue qu'on rencontre dans la théorie des planètes tient à la présence des nombres [0], [1], [2], [3], $\textcircled{4}$ dans les éléments principaux du déterminant. Mais il est facile de reconnaître qu'elle a aussi toutes ses racines réelles : car les coefficients sont liés entre eux par les relations

$$mna^2(0,1) = m'n'a'^2(1,0), \quad mna^2(0,2) = m''n''a''^2(2,0),\ldots,$$

$$mna^2(0) = \text{K} \; \frac{4i\text{C}}{3(2\text{C}-\text{A}-\text{B})} \, \textcircled{0}, \ldots$$

**36.** Les formules (4) pourront représenter les intégrales des équations complètes (1) et (2), si l'on convient d'y faire varier les quantités $N$, $N_1$, $N_2$, $N_3$, $N_4$, $\gamma$, $\gamma_1$, $\gamma_2$, $\gamma_3$, $\gamma_4$. Pour cela nous suivrons absolument la même marche que dans les n^{os} **30** et **31**.

Posons

$$\text{I} = \frac{mna^3}{mna^2 + m'n'a'^2\alpha'^2 + \ldots + m'''n'''a'''^2\alpha'''^2 + \text{J}\,\alpha^{\text{IV}2}},$$

$$\text{I}' = \frac{m'n'a'^2\alpha'}{mna^2 + m'n'a'^2\alpha'^2 + \ldots + \text{J}\,\alpha^{\text{IV}2}}, \ldots,$$

jusqu'à

$$\text{I}^{\text{IV}} = \frac{\text{J}\,\alpha^{\text{IV}}}{mna^2 + m'n'a'^2\alpha'^2 + \ldots + \text{J}\,\alpha^{\text{IV}2}},$$

$\text{J}$ désignant le rapport $\text{K} \; \dfrac{4i\text{C}}{3(2\text{C}-\text{A}-\text{B})}$ ; désignons de même par $\text{I}_1$, $\text{I}'_1,\ldots$, $\text{I}_2$, $\text{I}'_2,\ldots$ les mêmes expressions où l'on a seulement remplacé les quantités $\alpha$ respectivement par les quantités $\alpha_1$, $\alpha_2,\ldots$ qui se rapportent aux autres racines de l'équation (6). Pour obtenir les intégrales des équations (1) et (2), il faudra ajouter aux valeurs de $p$, $q$, $p',\ldots$, données par les formules (4), des termes de cinq espèces différentes, provenant des cinq espèces de termes négligés d'abord.

1° *Termes complémentaires provenant de* $[0]\mathfrak{Q}$, $[1]\mathfrak{Q},\ldots$, $[0]\mathfrak{P}$, $[1]\mathfrak{P},\ldots$, etc. —Les quantités $\mathfrak{P}$ et $\mathfrak{Q}$ seront données par la théorie de Jupiter sous la forme

$$\mathfrak{P} = \Sigma\text{S}\sin(st + \sigma), \quad \mathfrak{Q} = \Sigma\text{S}\cos(st + \sigma);$$

en effectuant les calculs, on trouve qu'il faut ajouter *au terme* $N\sin(bt + \gamma)$ *de* $p$ l'expression

$$\left\{ \text{I}[0] + \text{I}'[1] + \text{I}''[2] + \text{I}'''[3] + \text{I}^{\text{IV}}\,\textcircled{4} \right\} \Sigma \frac{\text{S}}{s-b}\sin(st + \sigma),$$

*et au terme* $N\cos(bt + \gamma)$ *de* $q$ l'expression analogue

$$\left\{ \text{I}[0] + \text{I}'[1] + \ldots \right\} \Sigma \frac{\text{S}}{s-b}\cos(st + \sigma);$$

de même aux termes $N_i \sin(b_i t + \gamma_i)$, $N_i \cos(b_i t + \gamma_i)$ les expressions

$$\left\{ I_i[o] + I'_i[1] + \ldots + I''_i \bigodot{\scriptstyle(s)} \right\} \Sigma \frac{S}{s - b_i} \sin(st + \sigma),$$

$$\left\{ I_i[o] + I'_i[1] + \ldots \right\} \Sigma \frac{S}{s - b_i} \cos(st + \sigma),$$

et de même aussi pour chacune des trois autres parties.

Ayant les accroissements des divers termes de $p$, on aura ceux des termes de $p'$ en les multipliant respectivement par $\alpha'$, $\alpha'_1$, $\alpha'_2$, $\alpha'_3$ et $\alpha'_4$; et, ainsi de suite pour chacune des autres variables.

$2^{\circ}$ *Termes complémentaires provenant de* $\mathfrak{Q} \cos 2 \mathcal{L}$, $\mathfrak{P} \sin 2 \mathcal{L}$, $\mathfrak{Q} \sin 2 \mathcal{L}$ et $\mathfrak{P} \cos 2 \mathcal{L}$. — Il faut ajouter *au terme* $N \sin(bt + \gamma)$ de $p$ l'expression

$$-\left\{ I[o] + I'[1] + \ldots + I^{iv} \bigodot{\scriptstyle(s)} \right\} \Sigma \frac{S}{2\mathfrak{N} - s - b} \sin(2\mathcal{L} - st - \sigma),$$

et *au terme* $N \cos(bt + \gamma)$ *de* $q$ l'expression

$$-\left\{ I[o] + I'[1] + \ldots \right\} \Sigma \frac{S}{2\mathfrak{N} - s - b} \cos(2\mathcal{L} - st - \sigma);$$

et pareillement *aux termes* $N_i \sin(b_i t + \gamma_i)$, $N_i \cos(b_i t + \gamma_i)$ les expressions

$$-\left\{ I_i[o] + I'_i[1] + \ldots + I''_i \bigodot{\scriptstyle(s)} \right\} \Sigma \frac{S}{2\mathfrak{N} - s - b_i} \sin(2\mathcal{L} - st - \sigma),$$

$$-\left\{ I_i[o] + \ldots \right\} \Sigma \frac{S}{2\mathfrak{N} - s - b_i} \cos(2\mathcal{L} - st - \sigma);$$

et ainsi de suite.

$3^{\circ}$ *Termes complémentaires provenant de* $q \cos 2 \mathcal{L}$, $p \sin 2 \mathcal{L}$, $q' \cos 2 \mathcal{L}$, ..., $q \sin 2 \mathcal{L}$, $p \cos 2 \mathcal{L}$, etc. — Il faut ajouter *au terme* $N \sin(bt + \gamma)$ de $p$ l'expression

$$\frac{I[o] + I'\alpha'[1] + I''\alpha''[2] + I'''\alpha'''[3] + I^{iv}\alpha^{iv} \bigodot{\scriptstyle(s)}}{2\mathfrak{N} - 2b} N \sin(2\mathcal{L} - bt - \gamma)$$

$$+ \frac{I[o] + I'\alpha'_1[1] + I''\alpha''_1[2] + \ldots}{2\mathfrak{N} - b - b_i} N_i \sin(2\mathcal{L} - b_i t - \gamma_i)$$

$$+ \frac{I[o] + I'\alpha'_2[1] + I''\alpha''_2[2] + \ldots}{2\mathfrak{N} - b - b_2} N_2 \sin(2\mathcal{L} - b_2 t - \gamma_2) + \ldots$$

qui est composée de cinq termes; et de même *au terme* $N \cos(bt + \gamma)$ *de* $q$, l'expression

$$\frac{I[o] + I'\alpha'[1] + I''\alpha''[2] + \ldots}{2\mathfrak{N} - 2b} N \cos(2\mathcal{L} - bt - \gamma)$$

$$+ \frac{I[o] + I'\alpha'_1[1] + \ldots}{2\mathfrak{N} - b - b_i} N_i \cos(2\mathcal{L} - b_i t - \gamma_i) + \ldots.$$

De même *au terme* $N_1 \sin(b_1 t + \gamma_1)$ il faut ajouter la quantité

$$\frac{I_1\,[0] + I'_1\,\alpha'\,[1] + I''_1\,\alpha''\,[2] + \cdots}{2\,\mathfrak{N} - b_1 - b}\, N \sin(2\,\mathcal{L} - bt - \gamma)$$

$$+ \frac{I_1\,[0] + I'_1\,\alpha'_1\,[1] + I''_1\,\alpha^v_1\,[2] + \cdots}{2\,\mathfrak{N} - 2b_1}\, N_1 \sin(2\,\mathcal{L} - b_1 t - \gamma_1)$$

$$+ \frac{I_1\,[0] + I'_1\,\alpha'_2\,[1] + I''_1\,\alpha''_2\,[2] + \cdots}{2\,\mathfrak{N} - b_1 - b_2}\, N_2 \sin(2\,\mathcal{L} - b_2 t - \gamma_2) + \cdots$$

et ainsi de suite.

4° *Termes complémentaires provenant de* $\cos(4l' - 2l)$ et $\sin(4l' - 2l)$. — A cause de la relation

$$4l'' - 2l' = 360° + 4l' - 2l,$$

les termes en $4l'' - 2l'$ des équations différentielles se réunissent à ceux en $4l' - 2l$.

Il faut ajouter *au terme* $N \sin(bt + \gamma)$ *de* $p$ l'expression

$$\frac{\left(I\,\boxed{0,1} - I'\,\boxed{1,0}\right)(1 - \alpha') + \left(I'\,\boxed{1,2} - I''\,\boxed{2,1}\right)(\alpha' - \alpha'')}{4n' - 2n - 2b}\, N \sin(4l' - 2l - bt - \gamma)$$

$$+ \frac{\left(I\,\boxed{0,1} - I'\,\boxed{1,0}\right)(1 - \alpha'_1) + \left(I'\,\boxed{1,2} - I''\,\boxed{2,1}\right)(\alpha'_1 - \alpha''_1)}{4n' - 2n - b - b_1}\, N_1 \sin(4l' - 2l - b_1 t - \gamma_1)$$

$$+ \frac{\left(I\,\boxed{0,1} - I'\,\boxed{1,0}\right)(1 - \alpha'_2) + \left(I'\,\boxed{1,2} - I''\,\boxed{2,1}\right)(\alpha'_2 - \alpha''_2)}{4n' - 2n - b - b_2}\, N_1 \sin(4l' - 2l - b_2 t - \gamma_2)$$

$$+ \ldots\ldots\ldots\ldots\ldots\ldots\ldots\ldots\ldots\ldots\ldots\ldots\ldots$$

formée de cinq termes, et *au terme* $N \cos(bt + \gamma)$ *de* $q$ la même expression en y remplaçant seulement les sinus par les cosinus; de même, *au terme* $N_1 \sin(b_1 t + \gamma_1)$ il faut ajouter

$$\frac{\left(I_1\,\boxed{0,1} - I'_1\,\boxed{1,0}\right)(1 - \alpha') + \left(I'_1\,\boxed{1,2} - I''_1\,\boxed{2,1}\right)(\alpha' - \alpha'')}{4n' - 2n - b_1 - b}\, N \sin(4l' - 2l - bt - \gamma)$$

$$+ \frac{\left(I_1\,\boxed{0,1} - I'_1\,\boxed{1,0}\right)(1 - \alpha'_1) + \left(I'_1\,\boxed{1,2} - I''_1\,\boxed{2,1}\right)(\alpha'_1 - \alpha''_1)}{4n' - 2n - 2b_1}\, N_1 \sin(4l' - 2l - b_1 t - \gamma_1)$$

$$+ \frac{\left(I_1\,\boxed{0,1} - I'_1\,\boxed{1,0}\right)(1 - \alpha'_2) + \left(I'_1\,\boxed{1,2} - I''_1\,\boxed{2,1}\right)(\alpha'_2 - \alpha''_2)}{4n' - 2n - b_1 - b_2}\, N_2 \sin(4l' - 2l - b_2 t - \gamma_2)$$

$$+ \ldots\ldots\ldots\ldots\ldots\ldots\ldots\ldots\ldots\ldots\ldots\ldots\ldots,$$

et ainsi de suite.

5° *Termes complémentaires dus à l'aplatissement.* — Il faut ajouter *au terme* $N\sin(bt+\gamma)$ *de p* l'expression

$$
\begin{aligned}
&I(0)\left[\frac{1-\alpha^{IV}}{2n-2b}\,N\,\sin(2l-bt-\gamma) + \frac{1-\alpha_1^{IV}}{2n-b-b_1}\,N_1\sin(2l-b_1t-\gamma_1)\right.\\
&\qquad\left.+ \frac{1-\alpha_2^{IV}}{2n-b-b_2}\,N_2\sin(2l-b_2t-\gamma_2) + \frac{1-\alpha_3^{IV}}{2n-b-b_3}\,N_3\sin(2l-b_3t-\gamma_3)\right.\\
&\qquad\qquad\left.+ \frac{\alpha-\alpha_4^{IV}}{2n-b-b_4}\,N_4\sin(2l-b_4t-\gamma_4)\right]\\
&+ I'(1)\left[\frac{\alpha'-\alpha^{IV}}{2n'-2b}\,N\sin(2l'-bt-\gamma) + \frac{\alpha_1'-\alpha_1^{IV}}{2n'-b-b_1}\,N_1\sin(2l'-b_1t-\gamma_1)+\dots\right]\\
&+ I''(2)\left[\frac{\alpha''-\alpha^{IV}}{2n''-2b}\,N\sin(2l''-bt-\gamma) + \frac{\alpha_1''-\alpha_1^{IV}}{2n''-b-b_1}\,N_1\sin(2l''-b_1t-\gamma_1)+\dots\right]\\
&+ I'''(3)\left[\frac{\alpha'''-\alpha^{IV}}{2n'''-2b}\,N\sin(2l'''-bt-\gamma) + \frac{\alpha_1'''-\alpha_1^{IV}}{2n'''-b-b_1}\,N_1\sin(2l'''-b_1t-\gamma_1)+\dots\right]
\end{aligned}
$$

formée de quatre lignes dont chacune contient cinq termes ; et *au terme* $N\cos(bt+\gamma)$ *de q*, la même expression en y changeant les cosinus en sinus.

De même, *au terme* $N_1\sin(b_1t+\gamma_1)$ il faut ajouter la quantité

$$
\begin{aligned}
&I_1(0)\left[\frac{1-\alpha^{IV}}{2n-b_1-b}\,N\,\sin(2l-bt-\gamma) + \frac{1-\alpha_1^{IV}}{2n-2b_1}\,N_1\sin(2l-b_1t-\gamma_1)\right.\\
&\qquad\left.+ \frac{1-\alpha_2^{IV}}{2n-b_1-b_2}\,N_2\sin(2l-b_2t-\gamma_2) + \frac{1-\alpha_3^{IV}}{2n-b_1-b_3}\,N_3\sin(2l-b_3t-\gamma_3)\right.\\
&\qquad\qquad\left.+ \frac{1-\alpha_4^{IV}}{2n-b_1-b_4}\,N_4\sin(2l-b_4t-\gamma_4)\right]\\
&+ I_1'(1)\left[\frac{\alpha'-\alpha^{IV}}{2n'-b_1-b}\,N\sin(2l'-bt-\gamma) + \frac{\alpha_1'-\alpha_1^{IV}}{2n'-2b_1}\,N_1\sin(2l'-b_1t-\gamma_1)+\dots\right]\\
&+ I_1''(2)\left[\frac{\alpha''-\alpha^{IV}}{2n''-b_1-b}\,N\sin(2l''-bt-\gamma) + \frac{\alpha_1''-\alpha_1^{IV}}{2n''-2b_1}\,N_1\sin(2l''-b_1t-\gamma_1)+\dots\right]\\
&+ I_1'''(3)\left[\frac{\alpha'''-\alpha^{IV}}{2n'''-b_1-b}\,N\sin(2l'''-bt-\gamma) + \frac{\alpha_1'''-\alpha_1^{IV}}{2n'''-2b_1}\,N_1\sin(2l'''-b_1t-\gamma_1)+\dots\right]
\end{aligned}
$$

et ainsi de suite.

37. Les formules (4), complétées par les termes précédents, donnent les valeurs des variables $p$, $q$, $p'$,..., et font connaître tout ensemble la position des plans des orbites des satellites et celle de l'équateur de Jupiter par rapport au plan fixe. On en déduira aisément les latitudes des satellites par rapport au même plan fixe, au moyen de la formule

$$\sin\lambda = \sin(v-\theta)\sin\varphi,$$

qui donne, en négligeant le carré de l'inclinaison,

$$\lambda = \varphi\sin(v-\theta),$$

ou bien

$$\lambda = q\sin v - p\cos v.$$

Si dans cette formule on remplace $p$ et $q$ par les valeurs (4), on obtient pour le premier satellite

$$\lambda = N \sin(v - bt - \gamma) + N_1 \sin(v - b_1 t - \gamma_1) + \dots$$

et des expressions semblables pour les trois autres. Ces valeurs sont analogues à celles que donne Laplace (liv. VIII, n° 10), et elles fourniront sans doute les termes principaux des latitudes, parmi ceux qui ne dépendent que des variations séculaires des éléments; toutefois il faudra recourir aux valeurs numériques pour savoir s'il est permis de négliger les termes très-nombreux qu'amèneront les expressions du n° 36, et dont Laplace ne tient aucun compte.

Il importe, dans la question des éclipses, d'obtenir les latitudes des satellites au-dessus de l'orbite vraie de Jupiter. La position de cette orbite par rapport au plan fixe est déterminée, pour l'époque $t$, par les variables $\mathcal{P}$ et $\mathcal{Q}$ qui font connaître les angles $\Theta$ et $\Phi$; celle de l'équateur vrai le sera par $p^{iv}$ et $q^{iv}$ qui donneront $\omega$ et $\psi$, et l'intersection de ces deux plans déterminera l'équinoxe vrai. Si nous désignons par L et $\Lambda$ la longitude et la latitude rapportées à l'orbite variable de Jupiter, la longitude étant comptée à partir de l'équinoxe vrai, ces nouvelles coordonnées seront exprimées au moyen des anciennes $v_1$ et $\lambda$, ainsi que des quantités $\Phi$, $\Theta$, $\omega$, $\psi$, par les deux formules suivantes, où l'on néglige encore les carrés des inclinaisons :

$$L = v_1 + \psi + \Phi \tang\lambda \cos(v_1 - \Theta) - \Phi \sin(\Theta + \psi) \cot\omega,$$
$$\Lambda = \lambda - \Phi \sin(v_1 - \Theta).$$

(Annales de l'Observatoire, t. II, p. 175.)

On peut suivre une marche différente et obtenir les quantités L et $\Lambda$ sans passer par les intermédiaires $p$, $q$, $\varphi$, $\theta$, $v_1$, $\lambda$.

Considérons la sphère céleste jovicentrique, et soient CB, CA, BA, $\Upsilon'\Upsilon''$ les traces

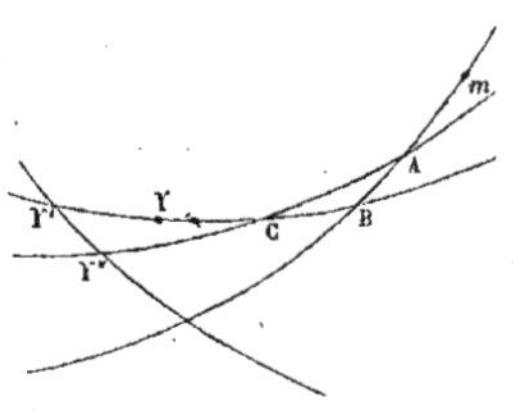

respectives, sur cette sphère, du plan fixe, de l'orbite de Jupiter à l'instant considéré, de l'orbite du satellite $m$ et de l'équateur de Jupiter au même instant.

Soit $\Upsilon$ l'origine des longitudes sur le plan fixe : on aura

$$CY = \Theta, \quad BY = \theta, \quad \text{angle } C = \Phi, \quad \text{angle } ABC = 180° - \varphi.$$

Désignons par $\gamma$ l'inclinaison BAC de l'orbite de $m$ sur l'orbite de Jupiter, et par $\tau$ la *longitude dans l'orbite* du nœud A de l'orbite de $m$ sur l'orbite de Jupiter, en sorte que $\tau$ se compose des angles $\Upsilon C = \Theta$ et CA, non situés dans le même plan. Le triangle ABC donnera

$$\sin\varphi \cos(\theta - \Theta) = \cos\gamma \sin\Phi + \sin\gamma \cos\Phi \cos(\tau - \Theta),$$
$$\sin\varphi \sin(\theta - \Theta) = \sin\gamma \sin(\tau - \Theta),$$

ou bien, en négligeant les carrés des inclinaisons,

$$\varphi \cos(\theta - \Theta) = \Phi + \gamma \cos(\tau - \Theta), \quad \varphi \sin(\theta - \Theta) = \gamma \sin(\tau - \Theta),$$

et par suite les deux formules

$$\varphi \sin\theta = \Phi \sin\Theta + \gamma \sin\tau,$$
$$\varphi \cos\theta = \Phi \cos\Theta + \gamma \cos\tau.$$

Les quantités $\gamma \sin\tau$, $\gamma \cos\tau$ sont de même espèce que $\varphi \sin\theta$ et $\varphi \cos\theta$; il faut seulement observer que la longitude $\tau$ se compte comme toutes les autres à partir du point fixe $\Upsilon$, et non à partir de l'équinoxe vrai $\Upsilon''$.

Si nous posons

$$\gamma \sin\tau = x, \quad \gamma \cos\tau = y,$$

il viendra

$$p = \Phi + x, \quad q = \Omega + y.$$

Posons de même pour le second satellite

$$\gamma' \sin\tau' = x', \quad \gamma' \cos\tau' = y',$$

et de même pour les deux autres; enfin, appelons $\omega_{,}$ l'inclinaison de l'équateur vrai sur l'orbite actuelle, et $-\psi_{,}$ la longitude du nœud descendant de cet équateur sur cette orbite, comptée aussi à partir du point fixe $\Upsilon$, en sorte qu'on ait $\psi_{,} = C\Upsilon'' - C\Upsilon$, et posons

$$x'' = \omega_{,} \sin\psi_{,}, \quad y'' = -\omega_{,} \cos\psi_{,}.$$

On aura pareillement

$$p' = \Phi + x', \quad q' = \Omega + y', \ldots, \quad p'' = \Phi + x'', \quad q'' = \Omega + y''.$$

D'après cela, si dans les équations (1) et (2) on remplace $p, q, p', \ldots$, par ces valeurs, et si l'on observe que $\dfrac{d\Phi}{dt}$, $\dfrac{d\Omega}{dt}$ sont des quantités qu'on peut supposer connues et de la forme $\Sigma S \cos(st + \sigma)$, $-\Sigma S \sin(st + \sigma)$, on obtiendra entre les nouvelles variables $x,\, x',\, x'',\,\ldots,\, y,\, y',\, y'',\,\ldots$, les dix équations différentielles simultanées qui suivent :

$$
\begin{aligned}
(7)\quad
\frac{dx}{dt} &= -\big\{(0,1)+(0,2)+(0,3)+(0)+[0]\big\}y+(0,1)y'+(0,2)y''+(0,3)y'''+(0)y^{\text{iv}}\\
&\quad -\Sigma S\cos(st+\sigma)+[0](y\cos 2\mathcal{L}+x\sin 2\mathcal{L})+\boxed{0,1}\,[(y-y')\cos(4l'-2l)+(x-x')\sin(4l'-2l)]\\
&\quad +(0)[(y-y^{\text{iv}})\cos 2l+(x-x^{\text{iv}})\sin 2l];\\[4pt]
\frac{dx'}{dt} &= -\big\{(1,0)+(1,2)+(1,3)+(1)+[1]\big\}y'+(1,0)y+(1,2)y''+(1,3)y'''+(1)y^{\text{iv}}\\
&\quad -\Sigma S\cos(st+\sigma)+[1](y'\cos 2\mathcal{L}+x'\sin 2\mathcal{L})+\boxed{1,0}\,[(y'-y)\cos(4l'-2l)+(x'-x)\sin(4l'-2l)]\\
&\quad +\boxed{1,2}\,[(y'-y'')\cos(4l''-2l')+(x'-x'')\sin(4l''-2l')]\\
&\quad +(1)[(y'-y^{\text{iv}})\cos 2l'+(x'-x^{\text{iv}})\sin 2l'];\\[4pt]
\frac{dx''}{dt} &= -\big\{(2,0)+(2,1)+(2,3)+(2)+[2]\big\}y''+(2,0)y+(2,1)y'+(2,3)y'''+(2)y^{\text{iv}}\\
&\quad -\Sigma S\cos(st+\sigma)+[2](y''\cos 2\mathcal{L}+x''\sin 2\mathcal{L})+\boxed{2,1}\,[(y''-y')\cos(4l''-2l')+(x''-x')\sin(4l''-2l')]\\
&\quad +(2)[(y''-y^{\text{iv}})\cos 2l''+(x''-x^{\text{iv}})\sin 2l''];\\[4pt]
\frac{dx'''}{dt} &= -\big\{(3,0)+(3,1)+(3,2)+(3)+[3]\big\}y'''+(3,0)y+(3,1)y'+(3,2)y''+(3)y^{\text{iv}}\\
&\quad -\Sigma S\cos(st+\sigma)+[3](y'''\cos 2\mathcal{L}+x'''\sin 2\mathcal{L})+(3)[(y'''-y^{\text{iv}})\cos 2l'''+(x'''-x^{\text{iv}})\sin 2l'''];\\[4pt]
\frac{dx^{\text{iv}}}{dt} &= -\big\{\textcircled{0}+\textcircled{1}+\textcircled{2}+\textcircled{3}+\textcircled{s}\big\}y^{\text{iv}}+\textcircled{0}\,y+\textcircled{1}\,y'+\textcircled{2}\,y''+\textcircled{3}\,y'''\\
&\quad -\Sigma S\cos(st+\sigma)+\textcircled{s}\,(y^{\text{iv}}\cos 2\mathcal{L}+x^{\text{iv}}\sin 2\mathcal{L});\\[4pt]
\frac{dy}{dt} &= \big\{(0,1)+(0,2)+(0,3)+(0)+[0]\big\}x-(0,1)x'-(0,2)x''-(0,3)x'''-(0)x^{\text{iv}}\\
&\quad +\Sigma S\sin(st+\sigma)-[0](y\sin 2\mathcal{L}-x\cos 2\mathcal{L})-\boxed{0,1}\,[(y-y')\sin(4l'-2l)-(x-x')\cos(4l'-2l)]\\
&\quad -(0)[(y-y^{\text{iv}})\sin 2l-(x-x^{\text{iv}})\cos 2l];\\[4pt]
\frac{dy'}{dt} &= \ldots\ldots\ldots\ldots\ldots\ldots\ldots\ldots\ldots\ldots\ldots\ldots\ldots\ldots\ldots\ldots
\end{aligned}
$$

Ces équations sont absolument de la même forme que les équations (1) et (2) et elles s'intègrent de même : il y aura une petite simplification résultant de l'absence des termes complémentaires de la seconde espèce.

Après avoir obtenu les valeurs de $x,\, y,\, x',\,\ldots$, on obtiendra les latitudes cherchées par la formule

$$\sin \Lambda = \sin(v-\tau)\sin\gamma,$$

$v$ désignant la longitude vraie, formée des trois parties $\Upsilon C + CA + Am$ situées dans trois plans différents. Cette formule donne, aux quantités près du second ordre,

$$\Lambda = y\sin v - x\cos v.$$

Quant aux longitudes L, on les obtiendra par la formule

$$\operatorname{tang}(L - \tau) = \operatorname{tang}(\upsilon - \tau)\cos\gamma,$$

ou bien par l'une des formules qu'on peut en déduire, l'angle L étant compté ici à partir du point fixe $\Upsilon$. Pour rapporter cet angle à l'équinoxe vrai $\Upsilon''$, il suffira d'y ajouter la quantité

$$C\Upsilon'' - C\Upsilon = \psi - \Phi\sin(\Theta + \psi)\cot\omega.$$

# CHAPITRE VI.

### VALEURS NOUVELLES DES INÉGALITÉS PÉRIODIQUES. — ÉQUATIONS SÉCULAIRES DES LONGITUDES MOYENNES.

38. Un certain nombre des inégalités périodiques calculées au chapitre II n'offrent pas une exactitude suffisante, parce qu'on s'est contenté, pour les obtenir, de corriger les longitudes des nœuds et des périjoves de leurs variations séculaires. Nous allons revenir sur ces inégalités pour les rectifier, en faisant usage des valeurs plus exactes obtenues dans les chapitres IV et V pour les éléments $e$, $\varpi$, $\varphi$, $\theta$, ou, ce qui revient au même, pour les variables $h, k, p, q$ que nous leur avons substituées.

On sait qu'il n'y a rien à modifier aux inégalités trouvées pour les excentricités et les longitudes des périjoves, et par suite rien dans les termes principaux des rayons vecteurs et des longitudes vraies : dans les valeurs de ces deux coordonnées, les modifications ne porteront donc que sur les deux parties d'importance secondaire $\delta a$ et $\delta l$. Dans les latitudes, au contraire, tout devra être retouché, sauf ce qui provient de $\varphi\,\delta\upsilon\cos(\upsilon - \theta)$.

D'après cela nous aurons à corriger, parmi les inégalités des grands axes et des longitudes moyennes, celles qui dépendent des excentricités, et, parmi les inégalités des inclinaisons et des longitudes des nœuds, celles qui dépendent des inclinaisons, c'est-à-dire toutes celles que nous avons conservées. Occupons-nous d'abord des premières.

39. Le premier terme à rectifier dans $\delta a$ est celui qui dépend de l'angle $2l' - l$ ; on l'a obtenu en prenant dans la fonction $R_{(0,1)}$ la partie

$$A\,e\cos(2l' - l - \varpi) + \left(B - \frac{2a}{a'^2}\right) e'\cos(2l' - l - \varpi').$$

En y introduisant les variables $h, k, h', k'$, cette partie devient

$$R_{(0,1)} = \left[Ak + \left(B - \frac{2a}{a'^2}\right)k'\right]\cos(2l' - l) + \left[Ah + \left(B - \frac{2a}{a'^2}\right)h'\right]\sin(2l' - l),$$

10.

et par suite, en ne considérant que ces termes, on aura.

$$\frac{da}{dt} = \frac{2\,m'\,a^2 n}{\mu}\left\{\left[\mathrm{A}k + \left(\mathrm{B} - \frac{2\,a}{a'^2}\right)k'\right]\sin(2\,l' - l) - \left[\mathrm{A}h + \left(\mathrm{B} - \frac{2\,a}{a'^2}\right)h'\right]\cos(2\,l' - l)\right\}.$$

Dans cette formule nous remplacerons $h$, $k$, $h'$, $k'$, par les valeurs du chapitre IV; si nous prenons seulement les premiers termes de ces valeurs, savoir :

$$h = \mathrm{M}\sin(gt + \beta), \quad k = \mathrm{M}\cos(gt + \beta), \quad h' = \lambda'\mathrm{M}\sin(gt + \beta), \quad k' = \lambda'\mathrm{M}\cos(gt + \beta),$$

il viendra

$$\frac{da}{dt} = \frac{2\,m'\,a^2 n}{\mu}\left[\mathrm{A} + \left(\mathrm{B} - \frac{2\,a}{a'^2}\right)\lambda'\right]\mathrm{M}\sin(2\,l' - l - gt - \beta),$$

et par suite l'inégalité

$$(1) \qquad \delta a = -\frac{2\,m'\,a}{\mu}\,\frac{n}{2\,n' - n - g}\left[a\mathrm{A} + \left(a\mathrm{B} - \frac{2\,a^2}{a'^2}\right)\lambda'\right]\mathrm{M}\cos(2\,l' - l - gt - \beta).$$

En considérant ensuite les seconds termes des mêmes valeurs, savoir ceux qui se rapportent à la racine $g_1$, on aura pareillement l'inégalité

$$\delta a = -\frac{2\,m'\,a}{\mu}\,\frac{n}{2\,n' - n - g_1}\left[a\mathrm{A} + \left(a\mathrm{B} - \frac{2\,a^2}{a'^2}\right)\lambda'_1\right]\mathrm{M}_1\cos(2\,l' - l - g_1 t - \beta_1).$$

Chacune des racines $g_2$ et $g_3$ donnera aussi un terme pareil. Mais ce ne sont pas les seuls qu'on puisse obtenir : chacun des termes que présentent les formules (14) et (15) du chapitre IV (excepté ceux d'argument $2\,l' - l$) fournira une nouvelle inégalité, tout aussi facile à calculer. Observons seulement que dans ces dernières inégalités le diviseur serait notablement différent de $2\,n' - n$ et cesserait d'être petit, tandis que dans les quatre premières le diviseur se réduit sensiblement à $2\,n' - n$, à cause de la petitesse des racines $g$, $g_1$, $g_2$, $g_3$. Nous pourrons donc nous borner aux quatre inégalités de l'espèce (1).

On trouvera de la même manière, pour le second satellite, que les termes de $\delta a'$ qui dépendent de $2\,l' - l$ et $2\,l'' - l'$ doivent être remplacés par les suivants :

$$\delta a' = \frac{4\,m a'}{\mu'}\,\frac{n'}{2\,n' - n - g}\left[a'\mathrm{A} + \left(a'\mathrm{B} - \frac{a'^2}{2\,a^2}\right)\lambda'\right]\mathrm{M}\cos(2\,l' - l - gt - \beta)$$

$$- \frac{2\,m''\,a'}{\mu'}\,\frac{n'}{2\,n'' - n' - g}\left[a'\mathrm{A}'\lambda' + \left(a'\mathrm{B}' - \frac{2\,a'^2}{a''^2}\right)\lambda''\right]\mathrm{M}\cos(2\,l'' - l' - gt - \beta),$$

qu'on peut grouper dans le terme unique

$$\delta a' = \frac{2\,a'}{\mu'}\,\frac{n'}{2\,n' - n - g}\left\{2m\left[a'\mathrm{A} + \left(a'\mathrm{B} - \frac{a'^2}{2\,a^2}\right)\lambda'\right] + m''\left[a'\mathrm{A}'\lambda' + \left(a'\mathrm{B}' - \frac{2\,a'^2}{a''^2}\right)\lambda''\right]\right\}$$
$$\times \mathrm{M}\cos(2\,l' - l - gt - \beta).$$

De même, pour le troisième satellite, l'inégalité du grand axe qui dépend de l'angle $2l'' - l'$ sera remplacée par celle-ci :

$$\delta a'' = \frac{4\,m'\,a''}{\mu''}\,\frac{n''}{2\,n'' - n' - g}\left[a''\mathrm{A}'\lambda' + \left(a''\mathrm{B}' - \frac{a''_2}{2\,a''_2}\right)\lambda''\right]\mathrm{M}\cos(2l'' - l' - gt - \beta).$$

Les deux dernières formules sont relatives à la racine $g$, et à chacune d'elles il faut en ajouter trois autres se rapportant respectivement aux racines $g_1$, $g_2$, $g_3$.

Il nous reste à rectifier, parmi les inégalités des grands axes, celles qui contiennent le coefficient K. Celle qui se rapporte au premier satellite a été fournie par le terme $\frac{\mathrm{K}}{a^3}e\cos(l - \varpi)$ de V ; ce terme peut s'écrire $\frac{\mathrm{K}}{a^3}(k\cos l + h\sin l)$, et, en le considérant seul, on a la formule

$$\frac{da}{dt} = \frac{2\mathrm{K}n}{a\mu}(h\cos l - k\sin l).$$

Si dans cette formule on remplace $h$ et $k$ par les premiers termes de leurs valeurs, savoir, $\mathrm{M}\sin(gt + \beta)$, $\mathrm{M}\cos(gt + \beta)$, il vient

$$\frac{da}{dt} = -\frac{2\mathrm{K}n}{a\mu}\mathrm{M}\sin(l - gt - \beta);$$

d'où l'inégalité

$$(2)\qquad \delta a = \frac{2\mathrm{K}n}{a\mu\,(n - g)}\mathrm{M}\cos(l - gt - \beta).$$

A cette inégalité il faut en joindre trois autres toutes pareilles, se rapportant respectivement aux trois autres racines $g_1$, $g_2$, $g_3$. Mais on ne peut pas se borner là ; car ce qui rend importantes ces inégalités, ce n'est pas un petit diviseur, mais bien le coefficient K : nous ne sommes donc pas autorisés à ne pas tenir compte des termes d'arguments $2l' - l$, $l'$,…, $2\mathcal{L} - gt - \beta$,…, que présentent les valeurs complètes de $h$ et $k$ (les termes en $l$ ne donneraient rien). Par exemple, si nous prenons

$$h = \mathcal{A}\sin(2l' - l),\quad k = \mathcal{A}\cos(2l' - l),$$

il en résultera l'inégalité

$$\delta a = -\frac{2\mathrm{K}n}{a\mu\,(2n' - 2n)}\mathcal{A}\cos(2l' - 2l).$$

Lorsqu'on réduira en nombres les formules, les valeurs numériques des coefficients permettront de décider quelles sont celles de ces inégalités qu'on devra conserver, et on en trouvera aisément l'expression analytique.

Ce que nous venons de dire pour le premier satellite s'appliquera sans modification à chacun des trois autres, en mettant simplement les éléments de ceux-ci à la place des éléments du premier.

40. Dans la longitude moyenne du premier satellite, il entre des termes en $2l' - l$ de deux provenances différentes; mais ceux que fournit la partie $\varepsilon$ sont beaucoup moins considérables, car ils n'ont pour diviseur que la première puissance de $2n' - n$, tandis que ceux qui proviennent de $\rho$ ont pour diviseur $(2n' - n)^2$. La formule qui donne ces derniers peut s'écrire

$$\frac{d^2\rho}{dt^2} = \frac{3m'an^2}{\mu} \left\{ \left[ Ah + \left( B - \frac{2a}{a'^2} \right) h' \right] \cos(2l' - l) - \left[ Ak + \left( B - \frac{2a}{a'^2} \right) k' \right] \sin(2l' - 2l) \right\}.$$

Si l'on y met les valeurs

$$h = M \sin(gt + \beta), \qquad k = M \cos(gt + \beta),$$
$$h' = \lambda' M \sin(gt + \beta), \qquad k' = \lambda' M \cos(gt + \beta),$$

on obtiendra par l'intégration l'inégalité

$$(3) \qquad \delta\rho = \frac{3m'}{\mu} \frac{n^2}{(2n' - n - g)^2} \left[ aA + \left( aB - \frac{2a^2}{a'^2} \right) \lambda' \right] M \sin(2l' - l - gt - \beta).$$

Il est clair que chacune des racines $g_1$, $g_2$, $g_3$ donnera une inégalité pareille, et ici encore, comme dans le cas des grands axes, on pourra n'en pas considérer d'autres.

On trouvera de même, pour le second satellite, que les termes de $\delta\rho'$ qui dépendent de $2l' - l$ et $2l'' - l'$ doivent être remplacés par les suivants :

$$\delta\rho' = - \frac{6m}{\mu'} \frac{n'^2}{(2n' - n - g)^2} \left[ a'A + \left( a'B - \frac{a'^2}{2a^2} \right) \lambda' \right] M \sin(2l' - l - gt - \beta),$$
$$+ \frac{3m''}{\mu'} \frac{n'^2}{(2n'' - n' - g)^2} \left[ a'A'\lambda' + \left( a'B' - \frac{2a'^2}{a''^2} \right) \lambda'' \right] M \sin(2l'' - l' - gt - \beta),$$

qu'on peut réunir dans le terme unique

$$\delta\rho' = - \frac{3}{\mu'} \frac{n'^2}{(2n' - n - g)^2} \left\{ 2m \left[ a'A + \left( a'B - \frac{a'^2}{2a^2} \right) \lambda' \right] + m'' \left[ a'A'\lambda' + \left( a'B' - \frac{2a'^2}{a''^2} \right) \lambda'' \right] \right\}$$
$$\times M \sin(2l' - l - gt - \beta).$$

De même aussi, pour le troisième satellite, le terme en $2l'' - l'$ obtenu dans $\delta\rho''$ devra être remplacé par le suivant

$$\delta\rho'' = - \frac{6m'}{\mu''} \frac{n''^2}{(2n'' - n' - g)^2} \left[ a''A'\lambda' + \left( a''B' - \frac{a''^2}{2a''^2} \right) \lambda'' \right] M \sin(2l'' - l' - gt - \beta),$$

la dernière formule devant, ainsi que la précédente, être considérée comme qua-
druple.

Ces inégalités sont celles que donne Laplace (liv. VIII, n° 7), à part la confusion
qu'il fait entre les quantités $\frac{a'}{2a^2}$ et $\frac{2a}{a'^2}$, et de même entre les quantités $\frac{a''}{2a'^2}$ et $\frac{2a'}{a''^2}$,
confusion qui revient à supposer $n = 2n'$, $n' = 2n''$.

On rectifierait de la même manière les termes provenant de la partie $\varepsilon$.

Il nous reste à modifier, parmi les inégalités des longitudes moyennes, celles qui
contiennent le coefficient K. Pour le premier satellite, celle qui vient de la partie $\rho$
sera donnée par la formule

$$\frac{d^2\rho}{dt^2} = -\frac{3Kn^2}{a^2\mu}(h\cos l - k\sin l).$$

Si l'on y substitue les premiers termes des valeurs de $h$ et $k$, on obtiendra l'inégalité

$$(4) \qquad \delta\rho = -\frac{3Kn^2}{(n-g)^2 a^2\mu}M\sin(l - gt - \beta),$$

et chacune des racines $g_1$, $g_2$, $g_3$ en donnera une pareille. Il faudra joindre en
outre à ces inégalités celles que donne la même formule quand on y introduit les
autres termes des valeurs de $h$ et de $k$. Par exemple, les termes $\mathcal{A}\sin(2l' - l)$,
$\mathcal{A}\cos(2l' - l)$ donnent

$$\delta\rho = -\frac{3Kn^2}{(2n' - 2n)^2 a^2\mu}\mathcal{A}\sin(2l' - 2l).$$

On peut observer que les termes $\mathcal{B}\sin l$, $\mathcal{B}\cos l$ ne donneraient rien.

Mais on n'aura pas encore ainsi toutes les inégalités de la longitude moyenne
qui contiennent le coefficient K; il faudra prendre aussi celles qui proviennent
de $\varepsilon$, car elles ont ici la même importance que les autres. On les obtiendra par la
formule

$$\frac{d\varepsilon}{dt} = \frac{13}{2}\frac{Kn}{a^2\mu}(h\sin l + k\cos l).$$

Si l'on met dans cette formule les valeurs $h = M\sin(gt + \beta)$, $k = M\cos(gt + \beta)$,
on obtiendra l'inégalité

$$(5) \qquad \delta\varepsilon = \frac{13}{2}\frac{Kn}{(n-g)a^2\mu}M\sin(l - gt - \beta),$$

toute pareille à l'inégalité (4), et qui doit aussi, comme elle, être accompagnée de
trois autres analogues relatives aux racines $g_1$, $g_2$, $g_3$.

Les autres termes des valeurs de $h$ et de $k$ donneront encore d'autres inégalités, et il faudrait les valeurs numériques des coefficients pour savoir celles qu'on peut négliger.

Si dans les formules précédentes on remplace les éléments du premier satellite sucessivement par ceux du second, du troisième et du quatrième, on obtiendra, pour chacun de ces satellites, les inégalités de la longitude moyenne dépendantes du coefficient K.

Ces inégalités n'ont pas leurs analogues dans les formules de Laplace. Par contre, Laplace obtient (liv. VIII, n° 8) une inégalité analogue à l'*évection* de la théorie de la Lune; mais plus loin (n° **22**), dans la réduction en nombres, il reconnaît qu'elle est insensible pour les deux premiers satellites. Au reste, ainsi que nous l'avons dit au n° **10**, il serait très-facile d'obtenir cette inégalité, comme aussi de la rectifier. On l'obtiendrait dans $\rho$ et dans $\varepsilon$ au moyen du terme en $2\mathcal{L} - l - \Pi$ de $R_{(o,s)}$, mais elle n'a pas plus d'importance que celle qui proviendrait du terme en $2\mathcal{L} - 3l + \varpi$, et elle en a moins que celles qui résulteraient, pour l'élément $\varepsilon$, des termes en $\mathcal{L} - 2l + \Pi$ et $3\mathcal{L} - 2l - \Pi$. Les deux premiers de ces termes introduisent dans $\delta v$, au moyen des valeurs du n° **14**, des inégalités présentant l'argument de la *variation* et plus considérables que les précédentes, parce qu'elles sont indépendantes des excentricités.

**41.** Nous allons revenir maintenant sur les inégalités des inclinaisons et des longitudes des nœuds, pour en conclure des valeurs plus exactes des latitudes.

Comme dans le chapitre V, nous substituerons aux éléments $\varphi$ et $\theta$ les auxiliaires $p$ et $q$; au moyen des formules

$$\frac{dp}{dt} = \frac{d\varphi}{dt} \sin\theta + \varphi \frac{d\theta}{dt} \cos\theta, \quad \frac{dq}{dt} = \frac{d\varphi}{dt} \cos\theta - \varphi \frac{d\theta}{dt} \sin\theta,$$

on obtiendra, en y remplaçant $\frac{dp}{dt}$ et $\varphi \frac{d\theta}{dt}$ par les valeurs obtenues précédemment, les différentielles des nouvelles variables.

On arrive au même résultat en introduisant les variables $p$, $q$, $p'$,... dans les fonctions perturbatrices, et employant les deux formules

$$\frac{dp}{dt} = \frac{1}{na^2} \frac{d\Omega}{dq}, \quad \frac{dq}{dt} = -\frac{1}{na^2} \frac{d\Omega}{dp},$$

que l'on déduit aisément des formules adoptées

$$\frac{d\varphi}{dt} = -\frac{1}{na^2\varphi} \frac{d\Omega}{d\theta}, \quad \frac{d\theta}{dt} = \frac{1}{na^2\varphi} \frac{d\Omega}{d\theta}.$$

Par l'un ou l'autre de ces deux moyens, on obtiendra pour le premier satellite,

( 81 )

en ne prenant d'abord que la fonction $R_{(\sigma,4)}$, les deux formules

$$\frac{dp}{dt} = \frac{m'\,an}{\mu}\,\frac{1}{4}\,B^{(3)}\left[(q-q')\cos(4l'-2l)+(p-p')\sin(4l'-2l)\right],$$

$$\frac{dq}{dt} = \frac{m'\,an}{\mu}\,\frac{1}{4}\,B^{(3)}\left[(p-p')\cos(4l'-2l)-(q-q')\sin(4l'-2l)\right].$$

Remplaçons dans les seconds membres les variables $p$, $q$, $p'$, $q'$ d'abord par les premiers termes de leurs valeurs,

$$p = N\sin(bt+\gamma), \qquad q = N\cos(bt+\gamma).$$
$$p' = \alpha'N\sin(bt+\gamma), \quad q' = \alpha'N\cos(bt+\gamma);$$

nous obtiendrons, après l'intégration, les deux inégalités

$$\delta p = \frac{m'a}{\mu}\,\frac{n}{4n'-2n-b}\,\frac{1}{4}\,B^{(3)}(1-\alpha')N\sin(4l'-2l-bt-\gamma),$$

$$\delta q = \frac{m'a}{\mu}\,\frac{n}{4n'-2n-b}\,\frac{1}{4}\,B^{(3)}(1-\alpha')N\cos(4l'-2l-bt-\gamma).$$

On pourrait en déduire $\delta\varphi$ et $\varphi\delta\theta$ au moyen des formules

$$\delta\varphi = \sin\theta\,\delta p + \cos\theta\,\delta q, \quad \varphi\delta\theta = \cos\theta\,\delta p - \sin\theta\,\delta q,$$

et en conclure les inégalités correspondantes de la latitude par la formule

$$\delta\lambda = \delta\varphi\,\sin(l-\theta) - \varphi\delta\theta\,\cos(l-\theta).$$

Il sera plus simple de transformer cette dernière en y remplaçant $\delta\varphi$ et $\varphi\delta\theta$ : on obtient ainsi $\delta\lambda$ exprimé directement en fonction de $\delta p$ et $\delta q$ par la formule

$$\delta\lambda = -\delta p\,\cos l + \delta q\,\sin l.$$

En l'appliquant, on aura l'inégalité

$$(6) \qquad \delta\lambda = -\frac{m'}{\mu}\,\frac{n}{4n'-2n-b}\,\frac{1}{4}\,aB^{(3)}(1-\alpha')N\sin(4l'-3l-bt-\gamma),$$

relative à la racine $b$, et chacune des quatre autres racines $b_1$, $b_2$, $b_3$, $b_4$ en donnerait une pareille.

Pour le second satellite, on trouvera de même, provenant des actions du premier et du troisième, les inégalités

$$\delta\lambda' = \frac{m}{\mu'}\,\frac{n'}{4n'-2n-b}\,\frac{1}{4}\,a'B^{(3)}(1-\alpha')N\sin(3l'-2l-bt-\gamma)$$

$$-\frac{m''}{\mu'}\,\frac{n'}{4n''-2n'-b}\,\frac{1}{4}\,a'B'^{(3)}(\alpha'-\alpha'')N\sin(4l''-3l'-bt-\gamma),$$

11

qu'on peut réunir dans la suivante, à cause de $4\,l'' - 3\,l' = 360° + 3\,l' - 2\,l$,

$$\delta\lambda' = \frac{1}{4\,\mu'}\,\frac{n'}{4\,n' - 2\,n - b}\,[\,m\,a'\,\mathrm{B}^{(3)}(1 - \alpha') - m''\,a'\,\mathrm{B}'^{(3)}(\alpha' - \alpha'')\,]\,\mathrm{N}\sin(3\,l' - 2\,l - bt - \gamma).$$

De même aussi l'action du second produira dans la latitude du troisième l'inégalité

$$\delta\lambda'' = \frac{m'}{\mu''}\,\frac{n''}{4\,n'' - 2\,n' - b}\,\frac{1}{4}\,a''\,\mathrm{B}'^{(3)}(\alpha' - \alpha'')\,\mathrm{N}\sin(3\,l'' - 2\,l' - bt - \gamma),$$

laquelle, ainsi que la précédente, doit être regardée comme quintuple.

Ces résultats sont, à part la forme des coefficients, ceux que donne Laplace (liv. VIII, n° 11). Mais il n'est pas probable qu'on puisse se borner là, et ne tenir aucun compte des autres termes de $p$ et $q$. Si nous prenons en effet les termes

$$p = \mathfrak{e}\sin(st + \sigma), \qquad q = \mathfrak{e}\cos(st + \sigma),$$
$$p' = \mathfrak{e}'\sin(st + \sigma), \qquad q' = \mathfrak{e}'\cos(st + \sigma),$$

et que nous les portions dans les seconds membres de $\dfrac{dp}{dt}$, $\dfrac{dq}{dt}$, nous obtiendrons les inégalités

$$\delta p = \frac{m'\,a}{\mu}\,\frac{n}{4\,n' - 2\,n - s}\,\frac{1}{4}\,\mathrm{B}^{(3)}(\mathfrak{e} - \mathfrak{e}')\sin(4\,l' - 2\,l - st - \sigma), \qquad \delta q = \ldots,$$

et par suite

$$\delta\lambda = -\frac{m'}{\mu}\,\frac{n}{4\,n' - 2\,n - s}\,\frac{1}{4}\,a\,\mathrm{B}^{(3)}(\mathfrak{e} - \mathfrak{e}')\sin(4\,l' - 3\,l - st - \sigma),$$

inégalité qui paraît aussi importante que celle de la formule (6), parce que le diviseur $4\,n' - 2\,n - s$ diffère peu de $4\,n' - 2\,n$, et qui ne peut être négligée que si les coefficients $\mathfrak{e}$ et $\mathfrak{e}'$ sont trop petits. Les valeurs numériques décideront la question.

42. Considérons maintenant les inégalités des latitudes dues à l'action du Soleil. On aura pour le premier satellite

$$\frac{dp}{dt} = \frac{3}{4}\,\frac{\mathfrak{M}}{\mu}\,\frac{a^{3}n}{\mathcal{A}^{3}}\,[\,(q - \mathfrak{Q})\cos 2\,\mathfrak{L} + (p - \mathfrak{P})\sin 2\,\mathfrak{L}\,],$$
$$\frac{dq}{dt} = -\frac{3}{4}\,\frac{\mathfrak{M}}{\mu}\,\frac{a^{3}n}{\mathcal{A}^{3}}\,[\,(q - \mathfrak{Q})\sin 2\,\mathfrak{L} - (p - \mathfrak{P})\cos 2\,\mathfrak{L}\,].$$

Dans les parenthèses des seconds membres, ne prenons d'abord que les termes

$$-\,\mathfrak{Q}\cos 2\,\mathfrak{L} - \mathfrak{P}\sin 2\,\mathfrak{L}, \qquad -\,\mathfrak{Q}\sin 2\,\mathfrak{L} + \mathfrak{P}\cos 2\,\mathfrak{L},$$

et posons, comme au chapitre V,

$$\mathfrak{P} = \Sigma S \sin(st + \sigma), \quad \mathfrak{Q} = \Sigma S \cos(st + \sigma);$$

nous obtiendrons les inégalités

$$\delta p = -\frac{3}{4}\frac{\mathfrak{M}}{\mu}\frac{a^3}{\mathcal{A}^3}\Sigma\frac{n}{2\mathfrak{N}-s}S\sin(2\mathfrak{L}-st-\sigma), \quad \delta q = -\ldots,$$

d'où l'inégalité

$$(7) \qquad \delta\lambda = \frac{3}{4}\frac{\mathfrak{M}}{\mu}\frac{a^3}{\mathcal{A}^3}\Sigma\frac{n}{2\mathfrak{N}-s}S\sin(2\mathfrak{L}-l-st-\sigma),$$

composée d'autant de termes qu'il y en a dans les valeurs de $\mathfrak{P}$ et $\mathfrak{Q}$. Prenons maintenant dans les mêmes parenthèses les autres termes

$$q\cos 2\mathfrak{L} + p\sin 2\mathfrak{L}, \quad q\sin 2\mathfrak{L} - p\cos 2\mathfrak{L};$$

si nous y remplaçons $p$ et $q$ par les valeurs

$$p = N\sin(bt+\gamma), \quad q = N\cos(bt+\gamma),$$

nous obtiendrons les inégalités

$$\delta p = \frac{3}{4}\frac{\mathfrak{M}}{\mu}\frac{a^3}{\mathcal{A}^3}\frac{n}{2\mathfrak{N}-b}N\sin(2\mathfrak{L}-bt-\gamma), \quad \delta q = \ldots,$$

et par suite

$$(8) \qquad \delta\lambda = -\frac{3}{4}\frac{\mathfrak{M}}{\mu}\frac{a^3}{\mathcal{A}^3}\frac{n}{2\mathfrak{N}-b}N\sin 2\mathfrak{L}-l-bt-\gamma).$$

La formule (8), ainsi que la formule (7), dépend de l'angle $2\mathfrak{L}-l$ qui est l'argument de l'*évection* : celles que trouve Laplace (au n° **11**) dépendent aussi du même angle.

La formule (8) doit être accompagnée de quatre autres qui s'en déduisent en changeant les quantités relatives à la racine $b$, dans les quantités qui se rapportent aux racines $b_1$, $b_2$, $b_3$, $b_4$. Il y aura peut-être lieu, en outre, à tenir compte des autres termes des valeurs de $p$ et $q$ : l'expression des inégalités qui en résulteront s'obtiendra aisément.

Les inégalités produites par l'action du Soleil dans les latitudes du second, du troisième et du quatrième satellite s'obtiendront par les mêmes formules, en y mettant simplement les éléments de ces satellites au lieu de ceux du premier.

**43.** Il nous reste à étudier les perturbations qui sont dues à l'aplatissement du globe de Jupiter. Elles sont données par les formules

$$\frac{dp}{dt} = \frac{K\,n}{a^2\mu}[(q-q''')\cos 2l + (p-p''')\sin 2l],$$

$$\frac{dq}{dt} = -\frac{K\,n}{a^2\mu}[(q-q''')\sin 2l - (p-p''')\cos 2l].$$

( 84 )

Si l'on porte dans ces formules les valeurs suivantes, relatives à la racine $b$,

$$p = \mathrm{N} \sin(bt + \gamma), \qquad q = \mathrm{N} \cos(bt + \gamma),$$
$$p^{\mathrm{iv}} = \alpha^{\mathrm{iv}} \mathrm{N} \sin(bt + \gamma), \quad q^{\mathrm{iv}} = \alpha^{\mathrm{iv}} \mathrm{N} \cos(bt + \gamma),$$

on obtiendra les inégalités

$$\delta p = \frac{\mathrm{K}\, n}{a^2 \mu (2n - b)} (1 - \alpha^{\mathrm{iv}}) \mathrm{N} \sin(2l - bt - \gamma),$$

$$\delta q = \frac{\mathrm{K}\, n}{a^2 \mu (2n - b)} (1 - \alpha^{\mathrm{iv}}) \mathrm{N} \cos(2l - bt - \gamma),$$

d'où l'on conclut la suivante :

$$(9) \qquad \delta\lambda = -\frac{\mathrm{K}\, n}{a^2 \mu (2n - b)} (1 - \alpha^{\mathrm{iv}}) \mathrm{N} \sin(l - bt - \gamma);$$

et on en obtiendra une pareille pour chacune des quatre racines $b_1$, $b_2$, $b_3$, $b_4$.

Les inégalités (9) correspondent à peu près à celles que trouve Laplace (n° 11) en tenant compte des déplacements de l'équateur et de l'orbite de Jupiter. On en obtiendra d'autres en portant dans $\frac{dp}{dt}$ et $\frac{dq}{dt}$ les autres termes de $p$ et $q$, et il faudra encore les valeurs numériques pour décider sûrement quelles sont celles que l'on doit considérer.

Ce qui précède se rapporte au premier satellite, mais s'applique sans modification à chacun des trois autres.

Les formules des n°ˢ 41, 42, 43 donneront les inégalités des latitudes, en y ajoutant celles que fournit le terme $\varphi\, \partial v \cos(l - \theta)$ telles qu'on les a obtenues au n° 18, savoir :

pour le premier satellite,

$$-\frac{m'}{\mu}\, \frac{n}{2n' - n}\, a\, \mathrm{A}\, \varphi\, [\sin(2l' - l - \theta) + \sin(2l' - 3l + \theta)];$$

pour le second,

$$+\frac{1}{\mu'}\, \frac{n'}{2n' - n}\, \left[ m'' a' \mathrm{A}' - m \left( a' \mathrm{B} - \frac{a'^2}{2a^2} \right) \right] \varphi\, [\sin(2l' - l - \theta') - \sin(l - \theta')];$$

pour le troisième,

$$-\frac{m'}{\mu''}\, \frac{n''}{2n'' - n'}\, \left( a'' \mathrm{B}' - \frac{a''^2}{2a'^2} \right) \varphi''\, [\sin(2l'' - l' - \theta'') - \sin(l' - \theta'')].$$

**44.** Nous indiquerons, pour terminer ce travail, le calcul des *équations séculaires* des satellites. Les inégalités à longues périodes des longitudes moyennes proviennent à la fois de la partie $\rho$ et de la partie $\varepsilon$ de la formule $l = \rho + \varepsilon$ : mais, ainsi qu'on l'a vu, celles que fournit la partie $\varepsilon$ sont négligeables à côté des autres. Au contraire les inégalités séculaires ne peuvent provenir que de la partie $\varepsilon$ : en effet, la formule $\dfrac{d^2\rho}{dt^2} = -\dfrac{3}{a^2}\dfrac{d\Omega}{d\varepsilon}$ ne contient que des termes périodiques. Pour obtenir les inégalités cherchées, il faut prendre dans $\dfrac{d\varepsilon}{dt}$ les termes explicitement indépendants du temps et qui sont du second ordre par rapport aux excentricités et aux inclinaisons; les termes non périodiques d'ordre zéro ne produiraient par l'intégration que des termes proportionnels au temps : or les équations séculaires sont des inégalités qu'on peut représenter approximativement par des termes proportionnels au carré du temps. On conçoit d'ailleurs que les termes du second ordre non périodiques fourniront, à la seconde approximation, des inégalités de cette espèce : car si dans les formules

$$e^2 = h^2 + k^2, \quad ee'\cos(\varpi - \varpi') = hh' + kk', \ldots,$$
$$\varphi^2 = p^2 + q^2, \quad \varphi\varphi'\cos(\theta - \theta') = pp' + qq', \ldots,$$

on remplace les quantités $h, k, h', \ldots, p, q, p', \ldots$, par les valeurs des chapitres IV et V, le second membre de chacune d'elles prendra la forme

$$F_0 + F\cos(ft + \alpha) + F_1\cos(f_1 t + \alpha_1) + \ldots,$$

$F_0, F, F_1, \ldots, f, f_1, \ldots, \alpha, \alpha_1, \ldots$, désignant des nombres connus, et les nombres $f, f_1, \ldots$, étant très-petits; en raison de cette dernière circonstance, on aura approximativement

$$\cos(ft + \alpha) = \cos\alpha - ft.\sin\alpha, \quad \cos(f_1 t + \alpha_1) = \cos\alpha_1 - f_1 t.\sin\alpha_1, \ldots,$$

et par suite il entrera dans $\dfrac{d\varepsilon}{dt}$ des termes proportionnels au temps, d'où résulteront dans la longitude des termes proportionnels au carré du temps. Il n'est du reste pas nécessaire de donner aux équations séculaires la forme $Lt^2$; il est même plus exact de les obtenir sous la forme de sinus d'angles qui croissent proportionnellement au temps, mais avec une grande lenteur.

Lorsqu'on ne veut conserver que les termes du second ordre par rapport aux excentricités et aux inclinaisons, la formule qui donne $\dfrac{d\varepsilon}{dt}$ peut s'écrire

$$\frac{d\varepsilon}{dt} = -\frac{2}{na}\frac{d\Omega}{da} + \frac{e}{2na^2}\frac{d\Omega}{de} + \frac{\varphi}{2na^2}\frac{d\Omega}{d\varphi}.$$

Supposons qu'il s'agisse du premier satellite, et ne considérons d'abord que l'action qu'il éprouve du second : nous devrons prendre

$$R_{(0,1)} = \frac{1}{8} B^{(1)} [e^2 + e'^2 - \varphi^2 - \varphi'^2 + 2\varphi\varphi' \cos(\theta - \theta')] - \frac{1}{4} B^{(2)} ee' \cos(\varpi - \varpi'),$$

et il en résultera dans $\frac{d\varepsilon}{dt}$ les termes

$$\frac{d\varepsilon}{dt} = -\frac{m'an}{\mu} \frac{B_1^{(1)}}{4} [e^2 + e'^2 - \varphi^2 - \varphi'^2 + 2\varphi\varphi' \cos(\theta - \theta')] + \frac{m'an}{\mu} \frac{B_1^{(2)}}{4} ee' \cos(\varpi - \varpi')$$

$$+ \frac{1}{2} (0,1)[e^2 - \varphi^2 + \varphi\varphi' \cos(\theta - \theta')] - \frac{1}{2}[0,1] ee' \cos(\varpi - \varpi').$$

L'action des satellites $m''$ et $m'''$ produira des termes analogues.

La fonction perturbatrice relative à l'action du Soleil sera

$$R_{(0,s)} = \frac{3}{8} \frac{a^2}{\mathcal{A}^3} [e^2 + \mathcal{E}^2 - \varphi^2 - \Phi^2 + 2\varphi\Phi \cos(\theta - \Theta)],$$

et il en résultera les termes

$$\frac{d\varepsilon}{dt} = -2[o][e^2 + \mathcal{E}^2 - \varphi^2 - \Phi^2 + 2\varphi\Phi \cos(\theta - \Theta)]$$

$$+ \frac{1}{2}[o] e^2 - \frac{1}{2}[o][\varphi^2 - \varphi\Phi \cos(\theta - \Theta)].$$

Enfin la correction d'aplatissement sera

$$V = \frac{1}{2} \frac{K}{a^3} [e^2 - \varphi^2 - \omega^2 - 2\varphi\omega \cos(\psi + \theta)],$$

et fournira dans $\frac{d\varepsilon}{dt}$ les termes

$$\frac{d\varepsilon}{dt} = 3(o)[e^2 - \varphi^2 - \omega^2 - 2\varphi\omega \cos(\psi + \theta)]$$

$$+ \frac{1}{2}(o) e^2 - \frac{1}{2}(o)[\varphi^2 + \varphi\omega \cos(\psi + \theta)].$$

En réunissant toutes ces expressions on aura la valeur complète de $\frac{d\varepsilon}{dt}$.

Dans cette valeur on remplacera les quantités $e^2$, $e'^2$, $ee' \cos(\varpi - \varpi')$,..., $\varphi^2$, $\varphi'^2$, $\varphi\varphi' \cos(\theta - \theta')$,..., par leurs développements indiqués plus haut, et on négligera les termes constants qui ne donneraient par l'intégration que des termes proportionnels au temps. Cela fait, il ne restera plus qu'à intégrer, et on aura ainsi l'équation séculaire du satellite $m$. Celles des autres satellites s'obtiendraient absolument de même. Le nombre des termes dont se composera l'équation séculaire de chaque satellite sera assez considérable : quand on en viendra à la réduction en nombres, il pourra être de beaucoup diminué, mais il serait difficile de prévoir dès à présent quels sont ceux qu'on pourra négliger, et de donner la formule des plus importants.

## NOTE.

### VALEURS NUMÉRIQUES DES TERMES PRINCIPAUX DES LONGITUDES.

On a vu au n° 16 que les termes principaux des longitudes des trois premiers satellites sont donnés respectivement par les formules

$$\text{(I)}\sin(2l'-2l), \quad \text{(II)}\sin(l'-l), \quad \text{(III)}\sin(l''-l'),$$

dans lesquelles on a posé, pour abréger,

$$\text{(I)}=\frac{m'}{\mu}\,\frac{n}{n-2n'}\,2a\mathrm{A}=-\frac{m'}{\mu}\,\frac{n}{n-2n'}\left(4a\mathrm{A}^{(2)}+a\mathrm{A}_1^{(2)}\right),$$

$$\text{(II)}=\frac{n'}{n-2n'}\left[-\frac{m''}{\mu'}2a'\mathrm{A}'+\frac{m}{\mu'}\left(2a'\mathrm{B}-\frac{a'^2}{a^2}\right)\right]$$

$$=\frac{n'}{n-2n'}\left[\frac{m''}{\mu'}\left(4a'\mathrm{A}'^{(2)}+a'\mathrm{A}_1'^{(2)}\right)+\frac{m}{\mu'}\left(3a'\mathrm{A}^{(1)}+a'\mathrm{A}_1^{(1)}-\frac{a'^2}{a^2}\right)\right].$$

$$\text{(III)}=\frac{m'}{\mu''}\,\frac{n''}{n'-2n''}\left(2a''\mathrm{B}'-\frac{a''^2}{a'^2}\right)=\frac{m'}{\mu''}\,\frac{n''}{n'-2n''}\left(3a''\mathrm{A}'^{(1)}+a''\mathrm{A}_1'^{(1)}-\frac{a''^2}{a'^2}\right).$$

Si l'on fait usage des nombres donnés par Laplace, on trouve pour ces coefficients les valeurs suivantes, exprimées en secondes centésimales,

$$\text{(I)}=-6052'',7, \quad \text{(II)}=12635'',4, \quad \text{(III)}=808'',65.$$

Mais il faut observer que ces termes ne sont pas les seuls qui dépendent des mêmes arguments. Pour le premier satellite, la partie $\delta l$ de $\delta v$ amènera les deux termes

$$\frac{3}{4}\frac{m'}{\mu}\left(\frac{n}{n'-n}\right)^2 a\mathrm{A}^{(2)}\sin(2l'-2l), \quad \frac{1}{2}\frac{m'}{\mu}\frac{n}{n-n'}a\mathrm{A}_1^{(2)}\sin(2l'-2l),$$

dont les coefficients ont pour valeurs numériques $10'',056$ et $8'',457$. En outre, lorsqu'on mettra dans l'expression

$$2\left[\delta e\sin(l-\varpi)-e\delta\varpi\cos(l-\varpi)\right]$$

les valeurs trouvées au n° **14** pour $\delta e$ et $e \delta \varpi$, on obtiendra, en faisant $i = -2$,
l'inégalité nouvelle

$$\frac{m'}{\mu} \, \frac{n}{2n'-3n} \left( -4 a A^{(2)} + a A_1^{(2)} \right) \sin(2l'-2l),$$

dont le coefficient est égal à $2'',5o4$. Enfin, parmi les termes du second ordre par
rapport aux masses obtenus au n° **16**, on trouve le suivant

$$\frac{5}{4}\,(\mathrm{I})\,\frac{\mathrm{K}}{a^2\mu}\,\sin(2l'-2l),$$

dont le coefficient est égal à $-5'',102$. D'après cela, l'inégalité d'argument $2l'-2l$
dans la longitude du premier satellite aura pour expression

$$\delta v = -6036'',8\,\sin(2l'-2l).$$

On verra de la même manière qu'il entre dans la longitude du second satellite
les termes suivants.

$1°$ *Termes en* $\sin(l'-l)$ :

$$-3\frac{m}{\mu'}\left(\frac{n'}{n-n'}\right)^2\left(\frac{1}{2}a'A^{(1)}-\frac{a'^2}{a^2}\right) \quad \text{dont la valeur numérique est} \quad 7o'',267,$$

$$-\frac{m}{\mu'}\frac{n'}{n-n'}\left(a'A^{(1)}+a'A_1^{(1)}+\frac{2a'^2}{a^2}\right) \qquad \text{\guillemotright} \qquad \text{\guillemotright} \qquad -75'',753,$$

$$\frac{m}{\mu'}\frac{n'}{n}\left(-a'A^{(1)}+a'A_1^{(1)}+\frac{3a'^2}{a^2}\right) \qquad \text{\guillemotright} \qquad \text{\guillemotright} \qquad 12'',266,$$

$$\frac{5}{4}\,(\mathrm{II})\,\frac{\mathrm{K}}{a'^2\mu'} \qquad \text{\guillemotright} \qquad \text{\guillemotright} \qquad 4'',208.$$

$2°$ *Termes en* $\sin(2l''-2l')$ :

$$\frac{3}{4}\frac{m''}{\mu'}\left(\frac{n'}{n''-n'}\right)^2 a'A'^{(2)} \qquad \text{dont la valeur numérique est} \quad 37'',69,$$

$$\frac{1}{2}\frac{m''}{\mu'}\frac{n'}{n'-n''}a'A_1'^{(1)} \qquad \text{\guillemotright} \qquad \text{\guillemotright} \qquad 31'',76,$$

$$\frac{m''}{\mu'}\frac{n'}{2n''-3n'}\left(-4a'A'^{(2)}+a'A_1'^{(2)}\right) \qquad \text{\guillemotright} \qquad \text{\guillemotright} \qquad 9'',46.$$

Par suite, l'inégalité d'argument $l'-l$, dans la longitude du second satellite, aura
pour expression

$$\delta v' = 12567''\,\sin(l'-l).$$

( 89 )

Pour le troisième satellite, on trouvera de même les termes suivants en $\sin(l''-l')$ :

$$-3\,\frac{m'}{\mu''}\left(\frac{n''}{n'-n''}\right)^2\left(\frac{1}{2}\,a''\mathrm{A}'^{(1)}-\frac{a''^2}{a'^2}\right) \qquad \text{dont la valeur numérique est} \quad 379'',32,$$

$$-\frac{m'}{\mu''}\,\frac{n''}{n'-n''}\left(a''\mathrm{A}'^{(1)}+a''\mathrm{A}_1'^{(1)}+\frac{2\,a''^2}{a'^2}\right) \qquad \text{»} \qquad \text{»} \qquad -492'',51,$$

$$\frac{m'}{\mu''}\,\frac{n''}{n'}\left(-a''\mathrm{A}'^{(1)}+a''\mathrm{A}_1'^{(1)}+\frac{3\,a''^2}{a'^2}\right) \qquad \text{»} \qquad \text{»} \qquad 59'',18,$$

$$\frac{5}{4}\,(\text{III})\,\frac{\mathrm{K}}{a''^2\mu''} \qquad \text{»} \qquad \text{»} \qquad 0'',1058;$$

et par suite l'inégalité d'argument $l''-l'$, qui affecte sa longitude, aura pour expression

$$\delta v'' = 754'',75\sin(l''-l').$$

Au lieu des coefficients

$$-6036'',8,\quad 12561''\ \text{et}\ 754'',75,$$

Laplace donne

$$-5050'',59,\quad 11920'',67\ \text{et}\ 808'',20\,;$$

et ces derniers nombres sont ceux dont Delambre a fait usage.

*Vu et approuvé.*

Le 17 février 1865.

LE DOYEN DE LA FACULTÉ DES SCIENCES,
MILNE EDWARDS.

*Permis d'imprimer.*

Le 17 février 1865.

LE VICE-RECTEUR DE L'ACADÉMIE DE PARIS,
A. MOURIER.

# THÈSE D'ANALYSE.

## PROPOSITIONS DONNÉES PAR LA FACULTÉ.

1° Intégration des équations aux dérivées partielles du premier ordre de forme quelconque, le nombre des variables indépendantes étant quelconque.

2° Des équations aux dérivées partielles du deuxième ordre et à deux variables indépendantes qui peuvent s'intégrer par la méthode de Monge.

*Vu et approuvé,*

Le 17 février 1865,

Le Doyen de la Faculté des Sciences,

MILNE EDWARDS.

*Permis d'imprimer,*

Le 17 février 1865.

Le Vice-Recteur de l'Académie de Paris,

A. MOURIER.

PARIS. — IMPRIMERIE DE GAUTHIER-VILLARS, SUCCESSEUR DE MALLET-BACHELIER,
Rue de Seine-Saint-Germain, 10, près l'Institut.

IMPRIMERIE DE GAUTHIER-VILLARS, successeur de MALLET–BACHELIER,
PARIS, RUE DE SEINE-SAINT-GERMAIN, 10, PRÈS L'INSTITUT.

www.ingramcontent.com/pod-product-compliance
Ingram Content Group UK Ltd.
Pitfield, Milton Keynes, MK11 3LW, UK
UKHW020329130726
13696UKWH00003B/1233